MOI
MODE D'EMPLOI

Sylvie Baussier

Sylvie Baussier a d'abord été bibliothécaire puis éditrice d'encyclopédies générales, avant de devenir autrice de livres pour la jeunesse. Il y a cinq ans, elle a repris des études pour suivre une formation de psychothérapie Gestalt, d'abord pour elle-même. Et elle a découvert qu'aider des personnes à aller mieux dans leur vie était magique. Elle exerce donc aussi ce second métier, qui est une autre façon de transmettre.

Pour en savoir plus sur ses livres : www.sylviebaussier.fr/

Marion Vitrouil

Passionnée depuis l'enfance par les questions touchant à l'existence, puis par le fonctionnement de la conscience humaine, Marion Vitrouil s'est dirigée vers des études d'anthropologie. Mais la place d'observateur ne lui convenait pas tout à fait, elle avait envie d'agir, et d'interagir, à son niveau, avec cette merveilleuse conscience humaine, dans des dialogues interpersonnels. Elle a rencontré la Gestalt, d'abord pour son chemin de vie personnel, puis elle s'est formée à cette forme de psychothérapie. Elle reçoit aujourd'hui en thérapie de nombreuses personnes avec la plus grande des passions.

73, boulevard de Sébastopol, 75002 Paris
www.scrineo.fr
Diffusion : Interforum

Directeur éditorial : Jean-Paul Arif
Suivi de production : Floria Guihéneuf
Mise en pages et correction : Nord Compo
Illustrations des entrées de chapitre et schémas : Sonia Vaz
ISBN : 978-2-38167-059-1
Dépôt légal : novembre 2023

Sylvie Baussier et Marion Vitrouil

Moi mode d'emploi

50 clés pour bien vivre sa vie d'ado

ScriNeo

Merci à toutes celles et tous ceux avec qui, depuis des années,
nous partageons l'aventure de la Gestalt.
Merci aussi à toutes les consciences qui s'ouvrent
et qui permettent que ce livre existe,
afin de transmettre les valeurs qui nous sont chères.

S.B. et M.V.

NOTE DES AUTRICES

La Gestalt-thérapie est une forme de psychothérapie fondée sur le lien réparateur entre le thérapeute et la personne qui vient le rencontrer pour prendre soin d'elle et aller vers le mieux-être.

Dans l'enfance et l'adolescence se jouent des enjeux d'attachement et d'estime de soi qui ont de profondes répercussions à l'âge adulte.

La relation thérapeutique, grâce aux outils puissants de la Gestalt (le Self, la frontière contact, le cycle de l'expérience...), permet de reprendre ces enjeux là où ils se sont arrêtés et de les réparer au travers d'échanges thérapeutiques, qui régulent les émotions et mettent du sens sur ce qui a été vécu.

L'adolescence est une période clé entre enfance et âge adulte, une période où tout est vécu avec intensité et où les changements dus à la puberté bouleversent les équilibres du jeune être humain en formation : il se questionne sur lui-même, sur ses relations avec les autres et sur le monde en général.

Nous constatons en cabinet combien l'adolescence, période de vie charnière, impacte non seulement ceux qui la vivent, mais aussi les jeunes adultes pour qui elle fait partie du vécu proche, et les adultes dont l'adolescence est plus lointaine dans la temporalité mais encore tellement présente dans leurs mécanismes, leurs représentations des autres et du monde. Nous avons tous en nous un adolescent pour qui ce passage de vie a été plus ou moins facile.

La diversité de vécu à ce sujet nous a amenées à concevoir des clés, à partir de la psychothérapie Gestalt, qui puissent inspirer les adolescents pour ce qu'ils ont à traverser, et aider les adultes à réfléchir à la façon dont ils ont pu vivre cette période, et aux traces qu'elle a laissées en eux.

Sylvie Baussier et Marion Vitrouil

SOMMAIRE

INVITATION

Toi qui ouvres ce livre, regarde-le comme un ami. Un allié. Il est là pour toi.

Si tu as envie de mieux comprendre ce que tu ressens et de savoir comment faire avec les émotions un peu difficiles, tu peux y trouver des pistes précieuses. Si tu souhaites mieux comprendre tes façons de te comporter dans telle ou telle situation, et cheminer vers plus de confiance et d'estime de toi, tu es au bon endroit ! Nous souhaitons t'aider à lire et interpréter le mode d'emploi de ta vie à travers les outils de la Gestalt.

Nous avons décidé de te tutoyer dans ce livre, lecteur, lectrice : que tu sois dans l'adolescence, qui selon de nombreux médecins dure de 10 à 21, voire 25 ans, ou déjà à l'âge adulte, cette parole intime pourra créer de la proximité et te faire cheminer vers plus de sécurité intérieure.

CHAPITRE 1

CE LIVRE EST POUR TOI

Qu'est-ce que tu ne veux plus vivre, ici et maintenant ?

Que veux-tu vivre, ici et maintenant ? Qu'est-ce qui te fait du bien et te donne envie de rire, d'avancer dans la vie ?

Qu'est-ce qui te fait souffrir, te rend triste ou en colère ?

Quelles expériences marquantes as-tu vécues ?

Quels sont tes besoins ? Tes envies ? Comment vois-tu ta vie ?

Quel est ton espace de choix dans ta vie ?

Ces questions sont importantes ! De nombreuses personnes peuvent se les poser, y compris les adolescents, même s'ils ont parfois du mal à en parler, et, plus encore, à trouver des pistes de réponses. L'adolescence est une période de transitions importante, puisque tu passes de l'enfance à l'âge adulte, dans ton corps et dans ta vie. C'est aussi le passage de « Je suis une continuité de mes parents » à « Je suis un individu à part entière ».

Tous ces chamboulements peuvent créer un sentiment de puissance mais aussi d'angoisse, d'autant plus que les émotions sont souvent vécues de façon très intense.

Ce qui se passe lors de l'enfance et de l'adolescence, et la façon dont chacun ressent ces événements, contribue fortement à former la personne que nous devenons à l'âge adulte. Ce sont en quelque sorte nos fondations. Lorsque ces fondations sont fragiles, en particulier dans l'attachement et l'estime de soi, l'adulte peut garder des fragilités en lui, justement. Celles-ci sont parfois si envahissantes qu'il peut devenir difficile de vivre de façon épanouie.

Mais il n'y a pas de fatalité ! Au contraire, il est toujours possible de comprendre ce qui se passe en soi, de saisir d'où vient par exemple une émotion qui revient souvent (tristesse, colère, peur...), une croyance négative (« La vie est dure », « L'argent est mauvais », « Je ne suis pas assez bien »...), et de cheminer vers plus de compréhension de soi et d'aptitude à vivre pleinement.

Souvent, les adultes s'interrogent plus vivement sur la façon dont ils fonctionnent à l'occasion d'une crise. Il peut s'agir d'un déménagement, d'un anniversaire à chiffre rond (la trentaine, la quarantaine, etc.), d'un deuil, d'une séparation, d'un changement de travail... Lorsqu'ils viennent faire une psychothérapie, à un moment ou à un autre, ils parlent de l'enfant et de l'adolescent qu'ils ont été. Car nous portons toujours en nous les ressentis, les événements vécus, les émotions de cet enfant et de cet adolescent intérieurs. Dans l'espace confidentiel du cabinet de consultation se déploient des interrogations, se dévoilent des blessures, des visions de soi et du monde. Par exemple, « Quand j'étais adolescent, je me trouvais moche », « J'avais l'impression que personne ne me comprenait », « J'étais persuadé que je ne gagnerais jamais assez d'argent pour vivre de façon indépendante ». Dans le dialogue entre le thérapeute et la personne qui vient le consulter, la parole se déploie, le dialogue vise à mettre du sens sur ce qui est vécu ici et maintenant, et en quoi ce qui a été vécu dans le passé peut encore avoir des effets puissants et inconscients. Il devient alors possible de prendre conscience d'anciennes croyances, de les modifier, de vivre ses souvenirs autrement...

Les questions fondamentales se posent tôt dans la vie. Et c'est toujours le bon moment pour s'en occuper ! La bonne nouvelle, c'est qu'il est possible de s'interroger à chaque âge de la vie pour mettre de la lumière sur ce que nous vivons et la façon dont nous pouvons nous alléger. Durant toute notre vie, l'adolescent que nous avons été demeure présent en nous, chaque ici et maintenant peut être l'occasion de le réparer.

En tant qu'adolescent ou jeune adulte, tu es à un âge où on se pose de nombreuses questions sur soi, sa relation aux autres, au monde... Tu commences à avoir les ressources nécessaires pour comprendre ce qui se passe en toi, même si tu es encore en période de construction. Tu peux avoir envie d'avoir plus de clés pour saisir ce qui t'anime vraiment, pour mettre du sens sur les filtres intérieurs qui te font voir les personnes de ton entourage et le vaste monde de telle ou telle façon…

Et puis ta famille et ton établissement scolaire te demandent de prendre des décisions qui peuvent te donner le tournis : vers quel métier voudrais-tu t'orienter ? Ton rêve est-il réalisable ? Et si tu n'as pas de rêve pour ton avenir, ou pas encore, comment te projeter dans ta vie future en confiance ? D'autres interrogations peuvent te peser : est-ce que j'ai des passions ? Est-ce que je suis intéressant ? Est-ce que je trouve ma place parmi les gens de mon âge, et dans ma famille ? Comment comprendre la société dans laquelle je vis ? Pourquoi y a-t-il des guerres ? Pourquoi on meurt ? Que puis-je faire face aux injustices ?

Tu vas comprendre petit à petit que ta propre vie est entre tes mains – même si tu ne peux pas résoudre tous les problèmes de la planète à toi tout seul. Cela pourra te sembler étrange, te faire peur, te paraître enthousiasmant…

Et si nous te donnions plus de repères pour comprendre ce qui se passe en toi et avec ton environnement ? C'est dans ce but que nous avons écrit ce livre. Nous avons eu envie de te donner des clés que nous aurions tellement aimé avoir à ton âge ! Car l'adolescence amène à vivre des moments difficiles, à se poser de grandes questions qui parfois restent sans réponses… Cela peut te conduire à vivre des phases d'anxiété, de doute, de remise en question, et à chercher des réponses à des endroits qui sont pertinents et à d'autres qui pourraient te mettre en danger. Ressentir ce que tu ressens ici et maintenant, mettre en place inconsciemment ce que tu mets en place pour fonctionner, c'est OK. L'idée du livre est de te montrer qu'un chemin vers le mieux-être est possible, et que tu peux l'emprunter avec curiosité et douceur vis-à-vis de toi-même. La psychothérapie Gestalt, dont nous allons t'expliquer les grands principes dans le chapitre suivant, consiste d'abord à regarder et à accepter émotionnellement ce qui se passe, et à rendre plus conscientes des stratégies que nous utilisons sans nous en rendre compte. Nous ne portons pas de jugement sur ces émotions et ces façons de faire. Nous voulons t'aider à les regarder, et à comprendre ce qui se joue.

Les situations racontées dans ce livre

Elles reflètent un quotidien plus ou moins habituel. Elles s'appuient sur notre expérience de praticiennes en psychothérapie, sur les vécus de l'adolescence que nous rencontrons (tous les prénoms ont été changés et les contextes modifiés, par souci de confidentialité), sur l'analyse que nous en faisons et sur la façon dont ces vécus, par-delà les contextes, témoignent de réalités psychiques partagées par de nombreux êtres humains. Tu vas te retrouver pleinement dans certaines de ces situations, moins dans d'autres, puisque chacun de nous est singulier. Les explications que nous t'en donnons sont issues de la théorie de la Gestalt. Les « antidotes » que nous te proposons sont comme des clés pour ouvrir des portes vers une prise de conscience, une compréhension plus fine, un outil rassurant et aidant. Ces clés sont là pour t'accompagner, t'aider à cheminer vers ta pulsion de vie quand tu te sens figé dans une émotion qui revient sans cesse, des pensées ou des comportements qui se répètent et dont tu ne veux plus…

De la même façon que chacun est singulier, ces antidotes sont colorés de notre singularité, à nous, les autrices de ce livre. Il ne s'agit pas de vérités absolues, mais de propositions que nous te faisons. Si elles te parlent, tu peux t'en emparer, t'en inspirer pour mieux comprendre ce qui se passe en toi. En effet, les réponses « de bon sens » que propose parfois l'entourage, même si elles partent d'un bon sentiment, n'aident pas forcément. Le bon sens, c'est quand on dit par exemple « Je sais ce qu'il faut faire pour aller bien », « Pourquoi fais-tu la tête ? Tout va bien », sans s'interroger sur ce que tu vis au plus profond de toi. Car des parties de nous-mêmes agissent sans que nous en soyons conscients. C'est le cas de nos émotions. Pour pouvoir agir sur elles, il est important de les nommer, de les reconnaître, de les accepter, et de comprendre ce qu'elles ont à nous dire (par exemple « Je me sens souvent rejeté, j'ai besoin d'être accepté par un groupe d'amis », « Je ressens souvent de la solitude »). Pour cela, il est nécessaire de mettre de la lumière sur ces endroits de notre personne auxquels nous n'avons pas facilement accès.

Il se peut que tu vives, ou que tu aies vécu, des événements plus extrêmes. Peut-être pourras-tu retrouver une partie de ton vécu dans les pages qui suivent. Peut-être te faudra-t-il aller plus loin pour creuser ton histoire singulière et t'aider à aller mieux, en suivant une psychothérapie... Quoi qu'il arrive, si tu en ressens le besoin, il est important que tu ne restes pas seul avec tes difficultés, et que tu en parles à des adultes en qui tu as confiance. Cela te permettra d'être soutenu et de trouver des pistes pour aller mieux.

Nous voulons aussi redorer l'image de l'adolescence, une période trop souvent considérée comme un âge difficile, ingrat. Les adultes se plaignent souvent de la «crise d'adolescence». C'est sans doute difficile pour eux de te voir changer, mais c'est surtout compliqué pour toi ! Le chamboulement, c'est d'abord pour toi et en toi qu'il a lieu. En fait, l'adolescence est une phase de tous les possibles, de toutes les sensations, des émotions, des découvertes, des premières fois, des prises de conscience...

Comment ce livre peut-il t'aider ?

Avoir cet éclairage dès l'adolescence va te permettre de mieux construire l'adulte que tu es en train de devenir. Cela va aussi mettre en lumière tes forces et tes fragilités, grâce à des repères psychiques que nous te présentons de façon accessible. Comprendre que ce qui se passe à l'intérieur de toi, ce dont tu as envie, ce dont tu rêves, ce que tu ressens… est important, c'est gagner des années dans la recherche de bien-être, de qualité de relations avec les autres. Ce qui est conscientisé jeune n'aura plus à l'être plus tard, dans la vie d'adulte. Or de nombreux éléments essentiels à une vie harmonieuse ne sont presque jamais explicités aux jeunes: se sentir bien avec soi-même et avec les autres, communiquer de façon consciente et apaisée, être à l'aise avec sa vulnérabilité, avoir accès à ses émotions, savoir les identifier et les nommer, les prendre en compte, tout cela s'apprend.

L'adolescent que tu es est accueilli, ici, dans sa singularité. Nous souhaitons t'aider à te connaître grâce à des propos bienveillants et respectueux. Ce que tu ressens, ce que tu penses, ce que tu vis, c'est important.

Dans ce livre, tu vas trouver des repères pour te sentir accepté et pour t'accepter toi-même tel que tu es. Par exemple :

- Dans cette phase de vie qu'est l'adolescence, j'ai besoin de liberté, mais j'ai encore besoin de l'appui de mes parents, ou d'adultes à qui je tiens et en qui j'ai confiance.
- Je peux me sentir bien avec moi-même et avec les autres, car je comprends qu'il y a des fonctionnements différents, et que tout ce qui se passe mal ne vient pas forcément de moi.
- Je suis important. Mes idées, mes valeurs doivent exister et être reconnues. Mon âge est riche et intéressant pour une vision particulière du monde et de la vie.

- Je suis à l'âge où mon corps vit le plus de changements, où les émotions qui me traversent sont les plus intenses. Je peux me sentir bien avec ce corps qui me chamboule.
- J'apprends à être bienveillant avec moi-même, à ne pas me juger.

Mode d'emploi du livre

Nous t'expliquons ce qu'est la psychothérapie Gestalt dans le chapitre 2. Cette philosophie de vie et ses concepts forment les fondations de cet ouvrage.

Nous avons découpé la suite de ce livre en trois grandes sections. Dans chacune d'elles, nous sommes parties de situations qui découlent d'un ressenti, d'un état d'esprit, de pensées qui peuvent te traverser ou te tracasser. Tu ne sais pas forcément à qui en parler, ni même comment les formuler, et ce n'est pas facile en effet ! Ces questionnements reviennent souvent chez les personnes qui viennent nous voir en thérapie, et chez de nombreuses autres avec qui nous échangeons.

Pour chacune de ces situations, tu vas trouver :

- un récit qui la met en scène concrètement (les prénoms et les détails de vie ont été modifiés) ;
- une explication de ce qui se passe pour la personne concernée ;
- un antidote pour t'accompagner dans une évolution positive en cas de vécu similaire.

La première section (chapitre 3) se concentre sur ta relation à toi-même, ce qui se passe à l'intérieur de toi : ce que tu penses de toi, comment tu te regardes, ce que tu ressens pour toi, si tu te juges, comment tu vis ton corps...

La deuxième section (chapitre 4) interroge ta relation aux autres : comment tu te sens à leur contact, ce que tu imagines qu'ils pensent de toi, ton envie ou ta difficulté à être avec eux...

La troisième section (chapitre 5) aborde le vaste monde : quelle est ta vision de l'avenir, ce que tu penses de la société dans laquelle tu vis, comment tu ressens l'autorité des adultes qui t'entourent...

CROYANCES
IDÉES
PASSIONS
VALEURS
TEMPÉRAMENT

CHAPITRE 2

LA PSYCHOTHÉRAPIE GESTALT, QU'EST-CE QUE C'EST ?

La Gestalt est une psychothérapie. C'est une philosophie de vie concrète qui s'appuie sur les expériences vécues par la personne qui vient consulter. La Gestalt permet d'être acteur de ses choix, pour trouver sa propre voie en mobilisant les dimensions intellectuelle, émotionnelle, physique et sociale. Elle permet, par l'alliance entre le client et le thérapeute, de mettre du sens sur ce qu'on vit, et d'être dans sa vie de façon plus ajustée et positive.

Tu vas trouver dans ce chapitre plusieurs clés pour aborder la Gestalt, sur laquelle ce livre est fondé. Nous nous y sommes toutes les deux formées durant de nombreuses années. Nous recevons des personnes désireuses de cheminer dans leur vie, et qui sont animées par le désir de faire baisser leur niveau d'anxiété, et celui d'améliorer leur vie en se comprenant mieux. L'adolescence, en particulier, peut être source d'un mal-être dont elles ne savent pas quoi faire.

Ce livre est un ami, il est là pour t'aider. Si tu as envie ou besoin d'aller plus loin, il est toujours possible ensuite de s'engager dans une psychothérapie. Une psychothérapie est un lieu d'échange avec un ou une thérapeute, un lieu où ta parole peut se déployer : elle est accueillie sans jugement, avec une écoute présente et bienveillante, dans un cadre qui garantit la totale confidentialité de ce que tu y déposes.

Les principes de la Gestalt-thérapie

Cette psychothérapie consiste à aider à évoluer dans *l'ici et maintenant* : à l'endroit où tu vis, au moment où tu vis, dans le présent. Car seul le présent existe. Du passé et de l'avenir, nous avons seulement des représentations et des ressentis émotionnels.

Le passé ne définit pas l'être humain, même s'il ne doit pas être nié. Serge Ginger, psychologue et psychothérapeute français, a dit, reprenant en partie une phrase de Jean-Paul Sartre : «Je ne suis pas responsable de ce qu'on a fait de moi, mais je suis responsable de ce que je fais de ce qu'on a fait de moi.» En effet, il est impossible de changer le passé, même si nous pouvons regretter, au moins en partie, la façon dont il s'est déroulé. En revanche, il est possible de changer les effets qu'a notre passé sur nos actions, nos croyances, nos émotions. Nous avons la liberté intérieure de modifier ici et maintenant notre façon de percevoir ce passé. Nous prenons ainsi notre responsabilité dans notre perception de nous-mêmes, dans nos actions, dans notre perception des autres et du monde… Par exemple, si une personne a souvent fait l'objet de moqueries dans son adolescence, elle peut imaginer qu'elle est moins bien que les autres, et croire que d'une certaine façon, elle méritait ces moqueries cruelles. Elle peut s'installer inconsciemment dans une posture de mal-aimé, avoir du mal à aller vers les autres en confiance… Changer de comportement pour aller vers un mieux-être nécessite alors une prise de conscience du sens de cette attitude qui perdure alors que la situation elle-même est passée, et un travail sur les émotions associées.

Le mot «Gestalt» vient du verbe allemand *gestalten*, il se prononce «guech-talt» et signifie «donner une forme à ce qui n'est pas encore défini, clarifié». Le mot allemand a été conservé car un seul mot français ne suffisait pas à en transcrire le sens. La Gestalt-thérapie consiste à donner forme à notre vie, à lui donner un sens plus clair, à reprendre les rênes de notre existence au lieu de nous sentir débordés.

Le lien entre le physique et le mental est important. Mettre de la conscience sur les ressentis du corps aide à saisir ce que l'on vit : «J'ai mal au dos», «J'ai la gorge serrée»… On dirige ainsi la lumière sur ces phénomènes et on tente d'y mettre du sens : «Que me dit-elle, cette gorge serrée? À quelle émotion me renvoie-t-elle?»

En effet, il est très utile d'identifier les émotions que l'on ressent. Les émotions de base sont la tristesse, la colère, la joie, la peur et le dégoût. Il en existe de nombreuses autres, qui forment comme une palette de couleurs intérieures : amour, surprise, timidité, mépris, honte, confiance, appréciation, sécurité, acceptation... Nous t'en proposons une liste, non exhaustive, à la fin de ce livre. Une fois reconnues, identifiées, le travail consiste à les accepter, car même quand elles semblent désagréables, ces émotions nous transmettent des messages. Plus on essaie de les nier, plus elles reviennent en force, comme si elles avaient besoin qu'on les écoute. Cette exploration des émotions est précieuse pour se sentir mieux avec soi-même et dans sa vie.

Nous utilisons dans ce livre de puissants concepts de la Gestalt. Mieux encore, nous avons conçu la structure de cet ouvrage en nous appuyant sur eux. Ainsi, comme nous avons commencé à l'expliquer dans le chapitre 1, tu trouveras dans le chapitre 3 ce qui concerne la relation que tu entretiens avec toi-même, dans le chapitre 4 tes relations avec les personnes de ton entourage proche et dans le chapitre 5 ta relation avec le monde au sens large (les gens qui te sont moins proches, la société, l'environnement, etc.). Le but est de rendre ces différents types de relations plus fluides, plus simples. Nous nous référons à de nombreuses études de cas concrets, dans lesquelles chacun peut se reconnaître et puiser des ressources pour clarifier ce qu'il ressent et reprendre la main sur ce qu'il vit.

- La relation que nous entretenons avec nous-mêmes : ce que tu penses de toi (« Je pense que je suis une bonne personne », « J'ai mis un beau pull ce matin », « Je vais y arriver »), comment tu te regardes (avec bienveillance ou non), ce que tu ressens pour toi-même (tu t'aimes ? tu te détestes ?).

- La relation à l'autre : comment te sens-tu avec les autres ? Est-ce que tu as envie d'être avec eux ou pas ? Est-ce que tu peux t'attacher à quelqu'un sereinement ? Est-ce que tu choisis des gens avec qui tu te sens vraiment bien ou pas ? Comment est-ce pour toi de quitter ou d'être quitté (le détachement) ?

- La relation au monde : est-ce que tu trouves le monde injuste ? Est-ce que tu arrives à y voir du beau ? Comment regardes-tu ce qui t'entoure ? La société dans laquelle tu évolues ? Est-ce que ça t'intéresse ou pas ? Te sens-tu responsable de tout ce qui arrive ou angoissé par ce qui se passe (le changement climatique, les guerres, les famines…) ?

Qui a fondé la Gestalt ?

La Gestalt-thérapie, souvent appelée « Gestalt », est née dans les années 1950 aux États-Unis. Elle est créée par le médecin, psychiatre et psychanalyste allemand Friedrich

Perls, dit « Fritz », et sa femme Laura Posner, docteur en psychologie. Aidés de Paul Goodman, philosophe et sociologue engagé, et de Ralph Hefferline, professeur de psychologie, ils écrivent l'ouvrage de référence *Gestalt-thérapie* en 1951.

Fritz Perls est né à Berlin en 1893 et mort à Chicago, aux États-Unis, en 1970. C'était un contemporain de Sigmund Freud, le médecin neurologue autrichien, fondateur de la psychanalyse. Freud pensait que chaque être humain est conditionné par son histoire. Perls appréhendait les choses un peu différemment : pour lui, tout est en mouvement, chaque individu est un organisme dans un environnement. Cet organisme, il l'a nommé le « Self ». Avec sa femme Laura, Fritz Perls quitte le milieu intellectuel viennois. Tous deux se rendent en Afrique du Sud en 1934. En 1946, ils partent s'installer aux États-Unis, un pays immense où les grands espaces semblaient tout rendre possible.

C'est là que Perls a développé sa théorie, fondée sur l'ici et maintenant : à l'endroit où l'on se trouve, au moment où l'on se trouve, présent à soi et au monde. Chacun a une histoire qui le modèle, mais chacun peut utiliser sa pulsion de vie, sa saine agressivité, pour prendre sa place dans le monde. Perls posait des questions telles que « Que veux-tu pour toi ici et maintenant ? Que ressens-tu ici et maintenant ? Que cherches-tu à éviter ici et maintenant ? ». Ses contemporains l'admiraient car il incarnait, dans sa façon de se comporter, d'être, les théories qu'il formulait. Nous sommes responsables de la façon dont nous ressentons notre vécu. De la façon dont nous choisissons de le vivre. Même si, durant notre enfance, les difficultés ont été provoquées par l'environnement, une fois adulte, il est possible d'agir sur notre vécu émotionnel de ce passé douloureux : c'est là que se trouve notre responsabilité. La Gestalt-thérapie est ainsi conçue comme une aide pour intégrer en soi des parties qui ont été coupées, séparées, rejetées. Elle permet l'achèvement d'expériences – aussi appelées gestalts – non terminées. Elle a pour but de tendre vers l'unité de la personne.

Selon la Gestalt de Perls, chaque individu est donc un «Self» : un organisme qui se déploie dans le contact avec les autres Selfs, c'est-à-dire avec d'autres personnes. Ce Self est entouré d'une frontière qui sépare l'organisme de son environnement; il est constitué de plusieurs fonctions :

- la fonction «Personnalité», où se logent nos croyances, nos valeurs, nos opinions, notre tempérament, notre caractère… Cette fonction évolue selon ce que l'on vit.
- le «Je» est la partie de nous qui décide, qui agit. Pour Perls, le «Je» est toujours positif. Il a confiance en la vie, il a envie de réaliser des choses, d'apprendre… Le «Je» est la fonction qui nous est la plus directement accessible quand nous pensons à qui nous sommes.

- le « Ça » est l'endroit où se trouvent nos émotions, nos sensations, nos blessures aussi.

Le Self selon Perls :

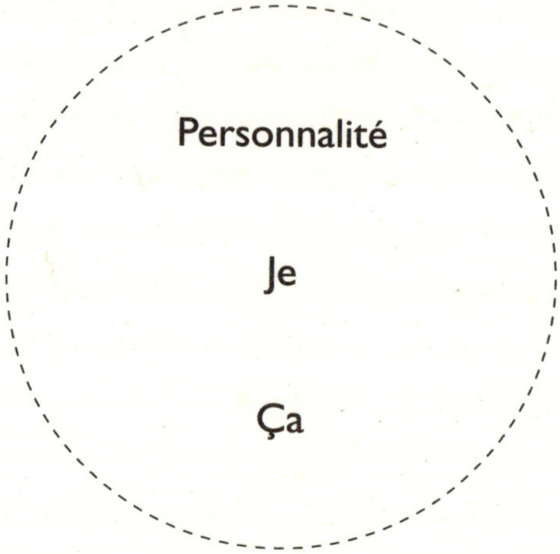

Comment la Gestalt a-t-elle évolué ?

Depuis les années 1960, des avancées ont été réalisées dans de nombreux domaines du savoir, tels que la théorie du développement de l'enfant et les neurosciences, qui étudient le fonctionnement du système nerveux. La Gestalt s'est ouverte à ces données et a intégré certains concepts à sa théorie. Ce processus a débouché sur la Gestalt intégrative, une branche de la Gestalt. La méthode originelle est toujours enseignée, il s'agit simplement de deux courants. En Gestalt intégrative, les fonctions présentes dans le Self se sont affinées et diversifiées : on parle maintenant de « Self intégratif », avec notamment des « Je » distincts (voir ci-dessous) et une attention portée au corps. Le passé développemental – ce qui se passe dans la petite enfance et détermine la façon dont on s'attache et la solidité de notre estime de soi – a également été intégré à la théorie de Perls et au travail qui consiste à donner du sens à ce que nous vivons ici et maintenant. En effet, deux grands enjeux de développement se construisent durant l'enfance, qui ont été étudiés et exposés notamment par Winnicott, John Bowlby et Boris Cyrulnik : l'enjeu d'attachement et l'enjeu d'estime de soi.

Quels sont les principaux concepts utilisés dans ce livre?

LE SELF ET SES COMPOSANTES

Le Self est un processus psychique en constante évolution et en lien avec les autres Selfs, c'est-à-dire avec les autres personnes.

Tu vas retrouver les éléments du Self de Perls, comme la Personnalité, le Ça et le Je, auxquels s'ajoutent d'autres éléments.

La « Personnalité » : c'est une fonction du Self où se trouve la partie de nous qui nous définit, nous singularise. Comme le Self dans son ensemble, la fonction Personnalité est dynamique et évolue en fonction de ce que nous vivons. Il y a là nos opinions, nos idées, nos valeurs, nos croyances positives et négatives, notre tempérament et notre caractère. Imagine que tu es ce Self que nous t'avons présenté plus haut, du point de vue théorique. Tu le vis, ce Self, puisque c'est toi. La Personnalité, les facettes du «Je» que sont le «Je bienveillant» et le «Je peureux», et le Ça qui se loge dans le corps sont des parties de toi dans lesquelles tu peux te rendre à l'intérieur de toi-même, en fonction de ce que tu vis.

Imagine que ce Self est un pays composé de contrées, de terres, de villes, de campagnes. Leur somme forme ton intériorité. Il y aurait alors la mégalopole de la Personnalité qui comprend plusieurs quartiers :

- le quartier des «idées» : ce que tu penses de ce qui t'entoure, c'est-à-dire les autres (famille, amis, profs...), le monde (la nature, les événements, l'Humanité...);
- le quartier des «valeurs» : bienveillance, justice, non-jugement, respect, amour, solidarité...;
- le quartier des «croyances négatives» («Je suis nul», «Je ne suis pas comme il faut», «La vie est dure», «Les autres ne m'aiment pas», «Je ne suis pas intéressant»...);
- le quartier des «croyances positives» («Je suis intelligent, doué», «La vie est belle», «Je suis une bonne personne»...);
- le quartier des «passions/intérêts» (musique, sport, lecture, voyage, animaux...);

- et enfin le quartier du « tempérament » (ce avec quoi tu es arrivé à la naissance : résistance à la douleur et à tout ce qui est douloureux en général, tolérance à la frustration, sensibilité à la critique) et du « caractère » (ce que tu as appris dans ta famille, au contact de ses membres, ce que tu as vécu avec ton environnement).

Si tu te rends dans la contrée du « Je bienveillant », tu te retrouves dans un lieu magnifique, avec une énergie de vie intense. Tu y rencontres la fée hyperdynamique qui y séjourne. Elle croit en la vie, elle te dit que tout est possible, même le meilleur, que tu peux passer à l'action pour réaliser tes envies, aller au contact des autres et que tout se passera bien… Tu y as beaucoup plus d'air et d'espace, le paysage est magnifique !

Si tu vas sur les terres du « Je peureux », qui sont étriquées et sombres, tu rencontres un bonhomme craintif. Il ne te parle que des dangers qui t'entourent, des risques que tu cours, c'est un éternel pessimiste qui voit le verre à moitié vide.

Si tu te trouves dans le royaume du Ça, tu rencontres un ami avec qui tu vis tout le temps : ton corps. Il te fait vivre des aventures, des émotions, dans des paysages intérieurs qui varient tout le temps en fonction des émotions que tu ressens : des lacs calmes (la paix) et des torrents tumultueux (la colère), de la pluie (la tristesse) et du soleil (la joie), des ouragans (le désespoir) et des plages de sable doré (l'amour)… En fonction de ces aventures, parfois tu te fâches avec ton corps, parfois tu te réconcilies avec lui…

Tes idées, tes croyances sur le monde, tes décisions, tes émotions, etc., se forgent peu à peu au contact de ton environnement. Si, régulièrement, tu entends par exemple « Il y a beaucoup de chômage », tu peux penser que tu auras du mal à trouver du travail plus tard – même si tu ne sais pas forcément encore ce que tu veux faire. Si le discours dominant autour de toi est que « Tu as plein de capacités, on a confiance en toi », tu peux plus facilement croire en toi.

Le « Je » dont Perls parlait est un « Je » bienveillant, conscient, actif, tourné vers le positif. C'est celui qui décide, qui agit. Quand tu penses à travers lui, tu as confiance en la vie, tu mets en action tes envies, ta curiosité, ton désir d'apprendre, d'accomplir plein de choses. À côté de lui existe, comme nous te l'avons dit, « Je », peureux, pas content. Tu sais, cette petite voix dans ta tête qui te dit parfois « Ça va mal se passer », « Tu ne vas pas y arriver », « Tout va de travers »… Le « Je peureux » est utile quand il t'indique un danger potentiel, bien réel : il te permet d'y faire face (par exemple, il nous incite à regarder à gauche puis à droite avant de traverser la rue, il nous alerte en cas d'odeur ou de bruit suspect…). En revanche, il devient néfaste quand on lui laisse trop de place. Il se remet à sa juste place quand le « Je bienveillant » retrouve assez d'énergie. Nous te parlerons, dans les antidotes suivant diverses situations racontées dans le livre, du « Je bienveillant » et du « Je peureux ».

Le « Ça » est lié au corps : c'est là que vont se loger nos émotions. Par exemple, quand tu as peur, tu peux sentir ta gorge se nouer, avoir mal au ventre… En effet, le corps est le berceau de tes émotions, de tes sensations, de tes pulsions, de tes blessures. Tout ce que tu vis, ce que tu ressens, vient se stocker là. Lorsque nous sommes fatigués, que nous manquons d'énergie, le « Je peureux » en profite pour prendre plus de place. Il est utile de prendre conscience de ces états physiques et de réaliser qu'après le repos d'une bonne nuit, par exemple, l'énergie revient et aide le « Je bienveillant » à reprendre de l'espace dans ton Self.

POUR ALLER PLUS LOIN

Dans notre Self, il y a aussi une grande île douce et lumineuse : l'Être. Il y règne une énergie apaisante. Même si tu vis des choses difficiles, tu peux toujours t'y réfugier pour reprendre des forces. Sur cette île vit un sage appelé le « Je amour », il est toujours là pour t'offrir le réconfort dont tu as besoin. Il nous communique les messages de l'Être par le biais de l'intuition.

L'Être est la partie de soi la plus puissante. Il n'est pas touché par notre vécu. C'est pourquoi il est toujours tourné vers la vie. On le ressent quand on médite, quand on est dans la nature, quand on se sent bien, apaisé.

LA FRONTIÈRE CONTACT

La frontière contact est, selon les concepts de la Gestalt-thérapie, ce qui se passe à la rencontre entre la frontière de l'organisme, le Self, et l'environnement. Cet environnement peut être un lieu, une situation, une personne. Dans le chapitre 4, nous parlerons en particulier de la rencontre entre deux Selfs.

Frontière ouverte

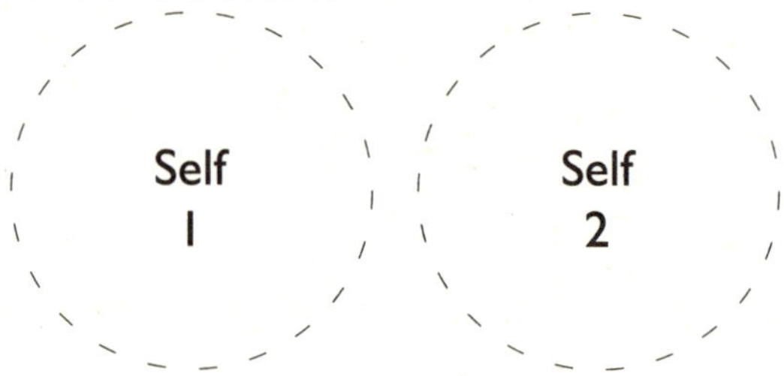

Frontière plus fermée

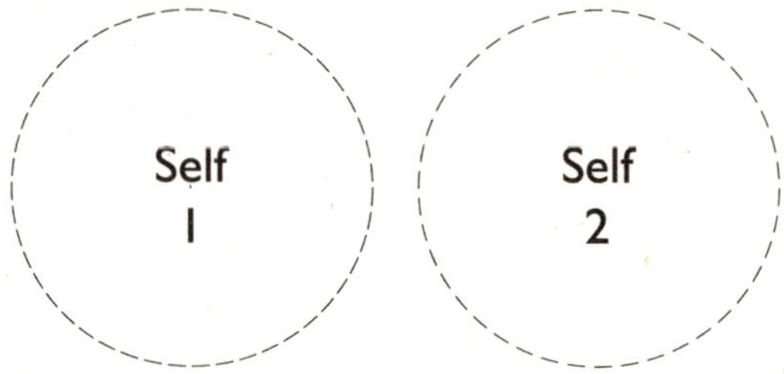

Notre Self est entouré d'une « frontière », que nous laissons plus ou moins ouverte selon les rencontres. Elle nous sert à la fois à nous protéger et à entrer en contact avec les autres. Pour qu'elle joue cette double fonction, nous sommes capables de la réguler, c'est-à-dire de l'ouvrir plus ou moins en fonction des circonstances ; nous pouvons apprendre à le faire de manière consciente, pour nous protéger ou pour nous ouvrir aux autres, selon nos besoins. Par exemple, si tu croises un ami dans la rue, tu es en confiance, donc ta frontière contact sera très ouverte et tu seras en situation de réception maximale. Si tu croises quelqu'un avec qui tu as eu des désaccords forts qui t'ont marqué ou blessé, tu peux avoir tendance à te raidir, tu vas fermer – plus ou moins – ta frontière contact pour te protéger d'éventuelles agressions qui pourraient te faire mal.

Nous t'en parlerons beaucoup au chapitre 4, avec des exemples de situations et des pistes d'action.

L'ICI ET MAINTENANT

Par définition, tu te trouves dans un lieu précis, là où est ton corps, et à un moment précis, qui s'appelle le « présent ». Ce qui est passé peut laisser des traces (par exemple des souvenirs) dans le présent, mais ce passé n'a existé qu'au moment où il était ton présent. Maintenant, il n'est plus là. De même, le futur n'existe pas encore. Il est une projection mentale que tu te fais maintenant, et cette représentation varie. Ainsi, tu peux avoir peur de ce qui va arriver plus tard, ou au contraire l'attendre avec impatience… Mais cette peur et cette impatience, tu les éprouves en ce moment, dans l'ici et maintenant. Sans s'en rendre compte, de nombreuses personnes vivent dans le passé (« C'était mieux avant », « Si j'avais fait autrement, il ne se serait pas passé cela »…) ou dans le futur («Ça ira mieux quand j'aurai déménagé», «Je voudrais réussir cet examen»...). Il est donc important d'être présent à ton présent, à ce qui s'y déroule pour toi, à l'intérieur de toi et avec les autres. C'est là, à cet endroit où tu te trouves, que tu peux comprendre tes modes de fonctionnement et cheminer vers un mieux-être.

LES MÉCANISMES DE RÉGULATION DU CONTACT

Notre rapport à ce qui existe en dehors de nous a été exploré par des philosophes tels que Husserl (la phénoménologie), Sartre (l'existentialisme) ou encore Karl Jaspers. Perls s'est penché, lui aussi, sur cette question très importante, avec Ralph Hefferline et Paul Goodman, dans le livre *Gestalt thérapie* (1951).

L'idée est que ce qui existe en dehors de nous, la réalité, nous parvient à travers des filtres : nos croyances, nos sens, nos représentations, nos émotions... Ainsi, une réalité donnée sera perçue différemment par chacune des personnes qui y aura participé ou en aura été témoin. Cette réalité intérieure, vécue, ressentie par chaque Self, est aussi infléchie par la façon dont nous laissons les informations entrer en nous, selon les modes de régulation, qui possèdent chacun des côtés positifs et des côtés négatifs.

Introjection : un petit enfant n'a pas les moyens psychiques de filtrer ce qui lui vient de ses parents. Il «introjecte» tout ce qui lui est dit, il le prend pour vrai, il le fait entrer à l'intérieur de lui, et cela peut se transformer en croyances très fortes. Ainsi, s'il entend souvent «Tu ne sais rien faire», il peut développer la croyance qu'il n'est pas assez bien, qu'il ne sait vraiment rien faire. Tu peux avoir gardé en toi cette façon de prendre pour toi, sans filtre, des paroles qui te sont dites durement, comme si elles représentaient la vérité. D'un autre côté, l'introjection permet l'apprentissage : tu prends en toi ce qui t'est enseigné de bon et d'utile pour ta vie. Et tu peux aussi introjecter de belles croyances comme «Je suis capable», «J'ai confiance, je vais y arriver»...

Projection : c'est le fait de projeter à l'extérieur ce qui se passe à l'intérieur de toi. Par exemple, si une copine ne répond pas tout de suite à ton texto, tu peux projeter sur elle qu'elle t'en veut : à l'intérieur de toi, si ta tendance est de culpabiliser, tu as l'impression que tu as fait quelque chose de mal. Or, dans la réalité, ton amie n'a peut-être pas encore vu ton message, ou elle n'a pas eu le temps d'y répondre. Le côté positif de la projection réside dans le fait que, quand on est connecté à son cœur, cela aide à comprendre l'autre, c'est un mécanisme qui peut permettre de formuler de bonnes hypothèses pour l'aider.

Confluence : dans ce cas de figure, les deux frontières des Selfs se mêlent émotionnellement. Cela génère l'empathie : dans une relation de confiance, respectueuse, c'est une ouverture vers l'autre. Cela permet aussi l'intime. D'un autre côté, cela peut amener à se sentir envahi, à avoir l'impression qu'on ne peut pas sortir de la relation, qu'on ne peut pas dire « non ». On agit en fonction de l'autre. On laisse alors entrer de manière massive ce qui se passe en l'autre. Cela peut t'amener à souffrir autant que l'autre quand il souffre.

Égotisme : certaines personnes, pour éviter de souffrir, ferment complètement leur frontière contact et ne laissent rien entrer en elles. On parle alors d'égotisme. Quand on a toujours peur de souffrir au contact avec l'autre et qu'on se ferme, on se coupe de l'expérience de la relation. Dans ce cas, le Self est très peu relié aux autres Selfs. En revanche, dans une situation ou un endroit où tu ne te sens pas à l'aise, par exemple dans les transports en commun, il peut t'arriver de fermer ta frontière contact pour ne pas laisser entrer l'extérieur (les gens, les conversations, les bruits…). C'est comme se mettre dans une bulle protectrice.

Déflexion : quelqu'un qui a un conflit avec A s'en prend à B. Par exemple, un adulte qui a des soucis dans son travail exprime sa colère à la maison à propos de tout autre chose, comme la chambre en désordre de ses enfants. La saine déflexion consiste à raconter ce qui t'arrive à une personne de confiance quand tu t'es disputé avec un copain ou une copine par exemple : tu vas au contact de quelqu'un qui saura t'écouter plutôt que d'aller tout de suite vers la personne avec qui tu es en conflit.

Rétroflexion : tu as quelque chose à exprimer, mais tu le gardes à l'intérieur de toi. Tu ne vas pas au contact, tu ne communiques pas sur ce qui se passe pour toi, donc cela peut s'amplifier et créer des angoisses, une boule dans la gorge ou d'autres manifestations physiques et émotionnelles. La saine rétroflexion est le fait de garder quelque chose à l'intérieur de soi pour l'exprimer à un moment plus propice.

Comme tu le vois, il n'existe pas de bon ou de mauvais mécanisme de régulation. Il est intéressant de les connaître, de savoir comment les utiliser et de les mettre en œuvre au moment où ils sont utiles pour nous. C'est un peu comme une boîte à outils où l'on piocherait le bon outil au meilleur moment possible. En revanche, si le mécanisme se met en place de façon réflexe et qu'il génère inconfort ou souffrance, il convient de le regarder. En effet, cela donne des indications sur nos réflexes dans les relations et permet de comprendre ce qui se passe pour nous. Par exemple, tu as peut-être tendance à rétrofléchir si tu crains les conflits.

Il est important de percevoir que chaque Self est unique. Chaque personne a en elle son univers interne avec les quartiers de la mégalopole de la Personnalité, la contrée du «Je bienveillant» et les terres du «Je peureux», les royaumes du Ça et du Corps, qui lui sont propres. Donc, ta façon d'être au monde, d'être aux autres, correspond à ton univers, à ton Self. Les autres ont leur propre façon d'être au monde, d'être aux autres. Ce qui peut être évident et facile pour toi ne l'est pas forcément pour quelqu'un d'autre, et inversement. Si tu gardes à l'esprit que tout le monde ne fonctionne pas comme toi, que chacun a sa façon d'interpréter ce qui lui arrive, tu vivras la rencontre avec l'autre en étant ouvert à la découverte de la singularité de chacun. Tu comprends alors qu'à l'intérieur de toi, il ne se passe pas la même chose que ce qui se passe à l'intérieur de l'autre. Ce que tu ressens correspond donc à ce qui se passe à l'intérieur de toi, et non à une réalité objective, extérieure. Par exemple, comme nous l'avons dit plus haut, si une personne qui t'est proche ne répond pas à un message que tu lui as envoyé, tu peux imaginer qu'elle t'a oublié, qu'elle ne pense pas à toi, et ressentir de l'inquiétude, de la solitude, du rejet… Alors que de son côté, elle attend d'avoir un moment pour te répondre de manière attentive.

LES ENJEUX D'ATTACHEMENT ET D'ESTIME DE SOI

On parle d'enjeu, car il s'agit de passer par des phases pour développer de bonnes capacités : relationnelles en lien avec l'attachement, et une estime de soi saine. Selon ce que vit l'enfant, ces enjeux seront plus ou moins aisés à compléter, en fonction de facteurs de risque (par exemple, un parent absent) amenant des freins, et de facteurs de résilience (des parents aimants) apportant une aide.

L'enjeu d'attachement apparaît très vite dans la vie du bébé. Il est en relation avec la mère, ou plus largement avec la figure maternelle, c'est-à-dire la personne qui joue le rôle maternel dans la vie du jeune enfant. Le bébé a autant besoin de ressentir qu'il est aimé que de manger et de boire. L'amour est inconditionnel, c'est important d'avoir pu ressentir cela : le bébé n'a rien à faire de particulier pour être aimé, il a juste à être. Plus la sécurité affective est grande, plus l'enfant assimile qu'il peut s'attacher aux gens et s'en détacher en toute sécurité, sans craindre d'être abandonné ou de ne pas être aimé, par exemple. Il sent aussi qu'il peut avoir une bonne relation avec lui-même et avec les autres. Il est capable de ressentir l'amour qu'on lui porte et d'en donner aux autres.

L'enjeu d'estime de soi vient ensuite, mais toujours dans l'enfance. Il est davantage en lien avec le père, ou avec la figure paternelle, c'est-à-dire avec la personne qui joue le rôle du père dans la vie de l'enfant. Le soutien du père est conditionnel : « Je t'aime, et je ne suis pas d'accord avec tel ou tel comportement ou tel acte. » Il y a des limites à poser, et ces limites sont rassurantes, elles aident l'enfant à grandir et à développer sa confiance en lui et en les autres. Plus l'estime de soi est bonne, plus la confiance en soi se développe de manière ajustée, faisant de la place à la façon dont on perçoit sa valeur ainsi que celle des autres. Ces deux enjeux sont très importants. S'ils se sont mal construits, travailler sur soi, comprendre la façon dont on fonctionne, aide à les réparer. C'est en grande partie l'enjeu d'une thérapie, si on souhaite poursuivre l'introspection de façon plus fouillée, plus personnelle. En effet, ces processus peuvent toujours évoluer, se réparer, ils sont en constante évolution.

LA COMMUNICATION CONSCIENTE

Elle est utilisée dans plusieurs approches, dont la Gestalt intégrative.

Si tu as quelque chose d'un peu délicat à dire à une personne, comment faire ? Certains se taisent de peur d'aller au contact. La plupart des gens parlent à l'autre en disant « tu » : en parlant « de lui », et non de leurs propres ressentis. Alors l'interlocuteur peut se sentir mis en cause. Il risque donc de se mettre en position de défense ou de contre-attaque, et l'échange peut se révéler compliqué. Par exemple, si tu dis à quelqu'un « Tu ne m'écoutes pas », tu portes un jugement. En revanche, si tu dis « J'ai la sensation de ne pas être écouté », là tu parles de toi, de ton ressenti, et l'autre a plus de chances d'accueillir positivement ce que tu as à exprimer.

La communication consciente est une méthode précieuse pour exprimer au mieux le message que tu veux faire passer. Elle se décline en trois étapes.

Étape 1 : décris les faits. Ici, tu ne parles que de ce qui se passe concrètement, comme si tu étais un observateur extérieur aussi impartial que possible. Sois précis, factuel. Par exemple : « Tel jour, toi et moi, nous étions ensemble à tel endroit, il s'est passé ceci, tu as réagi de telle façon et moi de telle autre... »

Étape 2 : exprime ton ressenti. Là, tu dis «je» (et non «tu») et tu parles de tout ce que tu ressens à propos de ce que tu as énoncé dans l'étape 1. Par exemple : «Dans cette situation, je ne me suis pas senti écouté, j'ai éprouvé tel sentiment...» Décris le plus précisément possible ce qui se passe dans ton cœur. (Tu peux t'aider de la liste d'émotions qui figure à la page 283.)

Étape 3 : ta demande. Dans cette troisième étape de la communication, tu décris ce dont tu as besoin, ce que tu aimerais. Par exemple : «J'ai besoin/J'aimerais que quand il se passe telle chose, je sois plus écouté/inclus/considéré.»

Cette forme de communication respecte l'autre, elle ne le rend pas responsable de ce qui se passe dans ta vie, tout en te permettant d'exprimer ce que tu ressens et ce dont tu aurais besoin. Parfois elle n'est possible qu'après coup, quand un peu de temps a passé après ce qui t'a chamboulé, et que tu te sens davantage capable de dire les choses de façon calme et mesurée.

LE CYCLE DE ZINKER

Joseph Zinker est un psychothérapeute, et le cofondateur du Gestalt Institute de Cleveland aux États-Unis. Il a travaillé avec Fritz Perls. En 1980, sa femme Sandra Cardosa-Zinker et lui ont mis au point le «cycle de l'expérience» : il s'agit des différentes étapes par lesquelles nous passons dans le but de satisfaire un besoin.

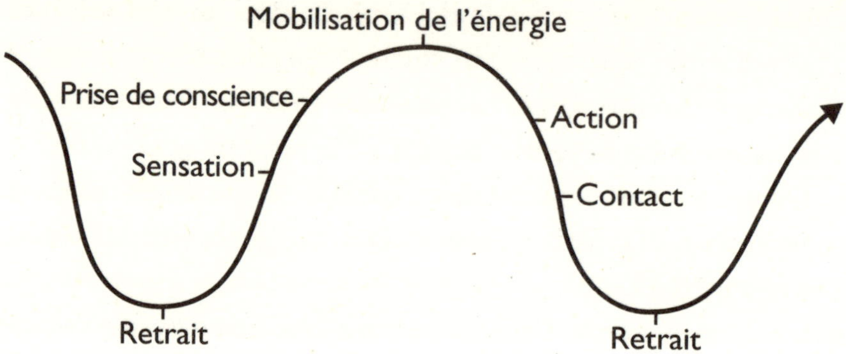

Avant le début de l'expérience, il y a une phase où rien ne se passe : c'est le retrait. Puis une sensation apparaît dans le corps. Par exemple, la sensation de faim : ton estomac gargouille…

Tu prends conscience de cette sensation : tu la prends en compte. C'est l'étape suivante du cycle. Par exemple : « J'ai envie d'un goûter. »

Tu mobilises de l'énergie pour satisfaire le besoin qui s'est exprimé dans ton corps et dont tu as pris conscience. Tu décides de t'en occuper concrètement.

Tu passes ensuite à l'action : tu fouilles dans le placard de la cuisine ou dans le frigo, ou encore, si tu n'es pas chez toi et que tu as un peu d'argent, tu entres dans une boulangerie.

Le contact, c'est le moment où tu manges : tu satisfais le besoin qui s'est exprimé dans ton corps.

Une fois que tu as mangé, tu n'as plus faim, tu peux quitter ce cycle de l'expérience et entrer dans une nouvelle phase de retrait.

Le cycle de Zinker vaut pour des besoins physiques, mais aussi pour des besoins relationnels. Ainsi, tu peux avoir envie d'aller voir un ami et mettre en œuvre ce qui est nécessaire pour satisfaire ton besoin de lien.

Dans ce cycle, chacun est à l'aise avec certaines phases, moins avec d'autres. Par exemple, tu peux ne pas avoir conscience de ta faim, de ce qui se passe dans ton corps, et donc tarder à la satisfaire. Tu peux aussi avoir conscience de ta faim mais tellement hésiter sur ce que tu as envie de manger que tu ne passes pas à la phase de «contact». Autre cas de figure : tu peux manger, manger... sans parvenir à t'arrêter et à passer du contact au retrait. Dans les relations, tu peux avoir envie d'aller au contact mais ne jamais passer à l'action ou, à l'inverse, il t'est peut-être très difficile de te désengager par crainte de te sentir seul lorsque tu n'es plus au contact.

Plus tu seras conscient de la façon dont tu es dans chacune de ces étapes, mieux tu pourras comprendre comment tu agis dans tes expériences. Et peut-être, quand tu le sentiras, tenteras-tu autre chose.

Nous t'avons brièvement présenté plus haut les trois axes selon lesquels nous avons construit ce livre. Garde bien à l'esprit les précisions qui suivent avant de te lancer dans la lecture des différentes expériences :

L'espace intérieur

C'est tout ce qui se passe dans le Self, c'est-à-dire à l'intérieur de toi. Tu as peut-être l'impression que tes pensées ont leur existence propre. Mais qui pense ? C'est toi ! Et qui ressent des émotions ? C'est toi aussi. Un individu adulte est maître à 100 % de ce qui se passe en lui, dans son Self, même s'il n'en a pas toujours pleinement conscience, car la confusion entre ce qui est en soi et ce qui est à l'extérieur est fréquente. Par exemple, si tu te sens stressé, tu peux imaginer que ce qui, dans la réalité, provoque ton stress en est responsable. Il en est la source, mais la façon dont tu le reçois provoque en toi un stress, alors qu'il résonnerait peut-être différemment chez une autre personne. Quand on est enfant, et durant l'adolescence encore, cette liberté intérieure n'est pas totale. En effet, ce que tu penses, espères, crains, imagines, expérimentes, ressens, la façon dont tu interprètes ce qui t'arrive... tout cela est influencé par ton environnement – tes parents et ta famille au sens large, tes amis, tes professeurs, ce que tu entends ou lis –, et quand tu es préado ou ado, tu demeures fortement dépendant de ces influences, parce que tu n'as pas encore acquis toutes les ressources psychiques et matérielles te permettant d'accéder à l'autonomie. Il peut toujours t'arriver d'introjecter ce que t'amène ton environnement proche et donc de le prendre comme une vérité absolue. Pourtant, même si tu n'en as pas encore conscience, tu as une grande marge d'action sur cet univers qui est en toi. Par exemple, si tu crains qu'il pleuve demain, tu n'as pas la certitude qu'il va vraiment pleuvoir, et surtout cette crainte t'appartient. Tu n'es pas cette crainte, tu es bien plus que cette émotion. Tu pourrais d'ailleurs décider d'être content qu'il pleuve, parce que tu trouves que la pluie fait un joli bruit sur les fenêtres, qu'elle arrose la nature et est donc utile… pourquoi pas ?

Nous t'en parlerons au chapitre 3, qui commence page 67, avec des situations vécues, leur explication et des pistes d'action que nous avons nommées « antidotes ».

L'espace partagé : le contact avec d'autres Selfs

L'espace partagé, c'est ce qui se passe entre deux Selfs, à la frontière contact. Si tu as une relation un peu tendue avec quelqu'un, ce n'est ni entièrement ta responsabilité, ni entièrement celle de l'autre personne : vous êtes tous les deux créateurs de la relation que vous partagez, chacun est responsable à 50 % de ce qui arrive. Dans cet espace, tu as une part de liberté, l'autre aussi. Cela concerne les relations avec les amis, la famille, les gens que l'on côtoie. Tu es responsable de ce que tu ressens, pas de ce que ressent l'autre. Là, c'est dans ta façon de communiquer que tu peux agir. Une rencontre entre deux personnes implique deux Selfs et la frontière contact de chacun d'eux. Cette frontière peut être très ouverte ou très fermée : selon l'environnement, le vécu de la personne, son univers interne, la frontière s'adapte au contexte. Si elle est fermée, le dialogue va être distant, froid; au contraire, si elle est ouverte, le dialogue sera plus fluide, plus chaleureux. Il est possible d'agir sur cette frontière. Par exemple, si je suis avec une personne qui me fait peur ou me met mal à l'aise, je peux fermer ma frontière afin de mettre une distance, de me sentir davantage en sécurité. À l'inverse, si je discute avec une personne avec qui je me sens bien, qui m'intéresse, je vais ouvrir cette frontière afin d'être plus accessible, à l'écoute.

Nous t'en parlerons au chapitre 4, qui commence page 137, toujours avec des situations vécues, leur explication et des pistes d'action que nous avons nommées «antidotes».

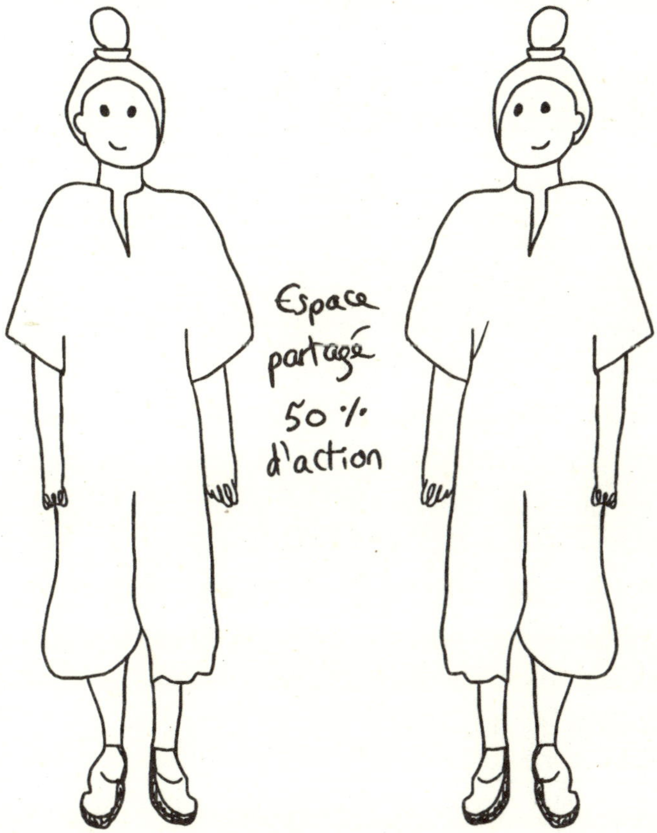

L'espace lointain : le vaste monde

Ici, il s'agit de ta relation avec le monde en général, la société, l'avenir, l'autorité des adultes... Ici, ta marge de manœuvre est moins grande. Bien sûr, si tu n'es pas seul à agir dans cette zone, les choses peuvent avancer, par exemple, si tu fais partie d'un groupe qui œuvre de façon solidaire pour une cause (la protection de l'environnement, la santé, la lutte contre le travail des enfants...). Mais même dans ce cas, c'est toujours en agissant d'abord dans ton espace intérieur, à l'intérieur de toi, que les choses peuvent s'améliorer, autant pour toi que pour les autres, car ton exemple et ton cheminement les inspireront. En revanche, lutter contre un fait sur lequel on a peu ou pas de prise, cela fait souffrir. Cela consomme de l'énergie sans donner de résultat. C'est épuisant.

Un concept fondamental de la Gestalt sera alors notre allié : *l'acceptation*, qui signifie accepter que quelque chose soit là, même si nous ne sommes pas d'accord. Cela ne signifie pas se résigner mais, dans un premier temps, simplement accepter le fait que cela existe. L'acceptation crée un lâcher-prise. Quand un souci t'envahit, tu t'y agrippes très fort en y pensant souvent. Le lâcher-prise, c'est décider d'arrêter de s'agripper, puis, à l'intérieur du corps, à un moment donné, cela crée un soulagement, de la légèreté. Dans ce nouvel espace intérieur, tu peux vivre du nouveau.

Nous t'en parlerons au chapitre 5, qui commence page 209, avec des situations vécues, leur explication, et des pistes d'action que nous avons nommées « antidotes ».

L'ADOLESCENCE, UN MOMENT PARTICULIER DE L'EXISTENCE

Tu es dans l'adolescence : tu es donc un être en construction. Il existe un cadre qui, d'un côté, peut te donner l'impression qu'il restreint ta liberté de choix de vie, d'amusement, d'activités. D'un autre côté, ce cadre, sainement posé, t'est nécessaire, car il est rassurant d'avoir des limites. Si l'environnement est trop limitant, ou au contraire pas assez, il est possible que tu vives de l'angoisse. À ton âge, tu ne peux pas décider de tout. Mais ce n'est qu'une phase de ta vie. Dans quelques années, tu pourras accéder à une plus grande autonomie, choisir pleinement la vie que tu as envie de mener. Alors tu choisiras aussi ce que tu voudras faire de ce que tu as vécu en tant qu'ado.

À l'adolescence, souvent, on porte une très grande attention au monde, à ce qui s'y passe, aux guerres, aux injustices… C'est le moment où les croyances se précisent (par exemple, « Le monde est dur » ou « Le monde est plein de merveilles »), où les valeurs prennent un contour plus clair. Cela s'organise en fonction de ce que l'on vit à l'intérieur de soi, de l'ambiance dans laquelle on vit, et par rapport à laquelle on se positionne, parfois en y adhérant, parfois en s'y opposant, ou encore en choisissant une tout autre route…

Nous sommes conscientes que tu peux vivre des choses très difficiles, et accepter cette phase peut te sembler au-dessus de tes forces. Dans ce cas, n'hésite pas à en parler à une personne en qui tu as confiance.

Il existe aussi des numéros d'urgence[1] tels que :

- le 3020 en cas de harcèlement,
- le 0612203471 (Allo Écoute Ado, service d'écoute anonyme et confidentielle),

1. https://ado-mode-demploi.fr/numeros-durgence-special-jeunes-et-adolescents/

- le 0800858858 (Croix-Rouge Écoute),
- le 0800235236 (Fil Santé Jeunes) et bien d'autres.

Tu peux aussi chercher dans ton environnement des ressources en mesure de t'aider : quelqu'un de ta famille, un parent d'ami, un infirmier ou une infirmière scolaire, un professeur bienveillant, un ou une psychologue… Il existe aussi dans chaque ville un CMP (centre médico-psychologique) où les consultations sont gratuites et où tu peux rencontrer des professionnels qui t'écouteront et t'aiguilleront vers un accompagnement.

Voici maintenant les situations que nous te proposons, accompagnées d'explications et d'antidotes. Ces antidotes sont des moyens que nous te suggérons, non pas forcément pour aller tout de suite mieux, mais pour comprendre ce qui se joue en toi et dont tu n'as pas forcément conscience. N'hésite pas à les lire et à les relire, à y revenir autant de fois que nécessaire car plus une situation est difficile à vivre, plus nous développons des résistances inconscientes à voir ce qui est en jeu pour nous.

CHAPITRE 3

L'ESPACE INTÉRIEUR : MON MONDE À MOI

Scène de vie 1

Une petite voix en moi me critique tout le temps

Julie

La situation

Le réveil sonne. J'ouvre un œil en me disant : «Je me suis couchée trop tard hier. Comme souvent. Je n'aurais pas dû surfer sur mon téléphone jusqu'à minuit…» Avec un soupir, je me lève et me traîne vers la salle de bains. J'observe mon visage dans le miroir, sans un sourire, et m'approche soudain de mon reflet pour examiner un bouton d'acné qui pousse sur mon menton. « C'est affreux ! » Je tente de le percer, mais ça fait une marque encore pire. Les larmes me montent aux yeux. Moi qui ai rendez-vous aujourd'hui avec Luke, de qui je rêve depuis des semaines... Un pansement fera l'affaire. Maintenant, il faut s'habiller. La petite voix intérieure ne me lâche pas : « Trop courte, cette jupe. Trop bleu, ce pantalon. » Rien ne me va, décidément ! Avec ce teint blafard et ces rondeurs qui ne me plaisent pas, m'habiller devient un supplice.

J'arrive dans la cour de mon établissement. Je rêve ou tous les yeux sont tournés vers moi ? C'est sans doute ce pantalon qui me rend ridicule... Bon, pas le temps de m'y attarder, j'ai un contrôle de maths en première heure. J'ai un peu révisé, mais cela ne va pas suffire, je suis trop nulle dans cette matière... Je m'assois à côté de ma meilleure copine, et cela me rassure un instant. Je lui demande :

— Salut, tu vas bien ?

— Super, et toi ?

— ...

Que répondre ? Que depuis ce matin je vois tout en noir, ou prétendre que tout va bien ? La prof entre, me dispensant de répondre. « Je suis trop nulle, même avec ma copine je ne sais pas faire simple », me souffle la petite voix agaçante dans ma tête.

Le contrôle commence. Je lis l'énoncé... « Je n'y comprends rien ! Ce n'est pas un cerveau que j'ai, c'est de la bouillie pour chat ! » Je me force à respirer profondément et relis le premier exercice. Puis je tente une réponse au brouillon. Mon calcul a l'air bon, mais il me reste un doute. La petite voix résonne à nouveau : « Tu vas encore te planter, pourquoi tu as écrit ça ? » Mon amie me jette un regard inquiet et me glisse : « Tu y arrives ? » Une envie de pleurer me saisit. Non, je n'y arrive pas. Enfin si. Enfin non.

Finalement, je vais peut-être décaler mon rendez-vous avec Luke. Je ne me sens pas à la hauteur aujourd'hui.

L'explication

Le quotidien est parfois ponctué d'une multitude de pensées négatives : une « petite voix » nous parle, celle du bonhomme des terres du « Je peureux ». Cette voix se cache dans notre tête et juge durement la moindre de nos actions, de nos décisions, de nos pensées, mais aussi notre apparence, nos aptitudes, nos compétences. Elle peut finir par convaincre une personne comme Julie de son manque de valeur, et même du fait que tout le monde pense sans doute comme elle sans le dire : « Elle est nulle. »

Ces expériences répétées font vivre des émotions difficiles, comme la tristesse, le dégoût de soi-même. Les croyances négatives découlant de ces émotions finissent par laisser croire qu'elles sont le reflet exact de la réalité. Julie peut avoir l'impression qu'elles *sont* la réalité.

Julie projette (cf. Projection p. 47) alors sur le regard de son amie, sur le regard des autres, qu'ils pensent ce qu'elle-même pense à l'intérieur. Ces pensées que le « Je peureux » lui souffle ont l'air d'être les mêmes dans la tête de ceux qui l'entourent. Elle fait une projection de ce qu'elle vit à l'intérieur d'elle vers l'extérieur.

Pourtant, il s'agit juste d'une « petite voix » peureuse habitant des terres intérieures sombres et étriquées, une partie de soi qui prend parfois trop de place. Elle existe en chacun de nous. Mais elle a aussi une fonction positive : nous éviter de nous mettre en danger. C'est elle, par exemple, qui nous rappelle de rouler à vélo sur les pistes cyclables quand c'est possible, et pas au milieu des voitures. Sa vigilance est donc précieuse. Elle voit tous les dangers possibles et les anticipe au moyen de scénarios catastrophe imaginaires… Elle est nécessaire, car on vit dans un monde où l'on doit avoir conscience du principe de réalité : certains paramètres extérieurs sont à prendre en compte pour se préserver.

Malgré tout, ce « Je peureux » ne doit pas occuper un trop grand espace dans l'esprit. C'est un outil dont on se sert mais dont on ne doit pas être esclave.

Or il prend parfois une place trop grande, et tout, sous son influence, semble devenir négatif, impossible, pas « comme il faut ». Cela peut alors nous amener à voir presque tout en noir et nous rendre tristes ou nous faire ressentir de la honte, ou encore nous pousser à nous dévaloriser… Il est important qu'il reste assez d'espace intérieur pour que le « Je bienveillant » puisse se déployer.

L'antidote

Il peut t'arriver, comme Julie, de séjourner dans les terres du « Je peureux ». Ces terres sont une partie de toi, elles ne sont pas toi dans ton entièreté. C'est important d'en prendre conscience. Même si cette petite voix négative n'est pas agréable, elle est là, et lutter contre ce fait, vouloir qu'elle disparaisse, ne fait que la renforcer, comme une vilaine potion magique. Donc, première étape : accepter l'existence de la voix peureuse. Ensuite, tu peux dire au bonhomme craintif qui tient tous ces discours angoissants d'arrêter de prendre toute la place. Il est dans ses terres, il veille, il n'a pas à envahir ton pays intérieur. Parle-lui. Rassure-le : il fait bien son travail protecteur, mais tu as aussi besoin qu'il parle moins souvent. Ainsi, dans l'espace qu'il libère, tu peux glisser de l'appréciation : prendre conscience de ce que ton entourage aime en toi, de ce que tu aimes, toi. Par exemple, « J'adore cette journée ensoleillée », « La série que je regarde en ce moment me plaît », « Le fou rire que j'ai eu hier avec ma copine, qu'est-ce que c'était sympa »... Apprécier, c'est comme une arme douce qui chasse le négatif et aide le « Je bienveillant » à reconquérir de l'espace dans ton pays du Self.

Dans ces moments où tu te sens bien, essaie de prendre conscience de ce qui se passe en toi : le bonhomme craintif ne parle plus dans ta tête, ton corps est plus détendu... Tu peux renforcer ton bien-être en esquissant physiquement un léger sourire, ton cerveau va se mettre au diapason de ton corps et se détendre encore plus.

Quand tu te sentiras de nouveau noyé sous les discours négatifs du « Je peureux », souviens-toi des moments où tu te sens bien. Tu prendras alors conscience du fait que les moments difficiles sont des passages, qu'ils ne durent pas, que tu connais autre chose de plus positif. Les moments agréables existent, tu as expérimenté l'émotion positive qui en découle, donc tu pourras les retrouver et en vivre de nouveaux un peu plus tard.

Scène de vie 2

La situation

Je suis sur mon lit, un manga à la main, plongé dans l'histoire. Il y a de l'action, j'ai l'impression d'être le personnage principal, je dévore les pages à toute vitesse pour savoir comment il va s'en tirer. Je suis bien, dans ce monde-là, au chaud, à l'abri, protégé… De quoi ? Je ne sais pas trop.

Tout d'un coup, j'entends une voix venue de la cuisine. Il est 20 heures. Maman vient de rentrer du travail mais elle est déjà collée à son téléphone portable. Je soupire. De toute façon, téléphone ou pas, cela n'aurait rien changé : elle vit à cent à l'heure. Papa, lui, ne rentrera que demain matin, il travaille de nuit dans une usine. Un sentiment que je connais trop bien me saute à la gorge. Vraiment à la gorge, où une boule vient se loger dans son creux habituel : je me sens seul. Complètement seul. C'est en moi depuis longtemps, je ne me l'explique pas. Parfois j'oublie ce sentiment mais, le plus souvent, il est présent dans un coin de ma tête, de mon cœur, et dans ma gorge, comme une piqûre intérieure d'un sale insecte qui ne trouve pas la sortie.

Le pire, c'est que j'ai des amis à l'école mais, même en leur présence, entouré, je ressens cette solitude intérieure. J'ai l'impression de faire semblant, de rire sur commande, de me regarder faire. Comme si eux s'attachaient à moi en toute simplicité, et que moi, je n'y arrivais pas.

Souvent, à la maison ça va quand même. Mes parents travaillent beaucoup, c'est clair. Mon père a des horaires décalés qui font que je le vois peu. Pourtant, tous les deux sont attentifs à moi, ils me demandent comment je vais, ce que j'ai fait dans la journée… Pourtant, parfois, j'ai l'impression qu'ils n'écoutent mes réponses que d'une oreille. Et qu'ils ne me voient pas grandir. Je suis un ado maintenant, plus un bébé. J'aimerais qu'ils s'intéressent à mes jeux vidéo, à mes chanteurs préférés… Et puis il n'y a pas que les notes qui comptent ! Je fais mes devoirs tout seul, ils n'ont pas le temps de m'aider, j'ai l'impression que je ne peux compter que sur moi-même pour y arriver, et je suis incapable de le leur dire.

Finalement, je préfère presque quand je suis tout seul physiquement. Là au moins je *suis* seul et je me *sens* seul, c'est raccord, ça semble logique. Et puis, dans ces moments-là, je peux plonger dans mes mangas et oublier tout ça...

L'explication

L'adolescence, c'est construire l'adulte qu'on va devenir, créer sa propre identité. Il n'est pas toujours facile de se reconnaître dans le regard de ses parents, de ses amis, de la société. Se sentir différent de tous peut amener à se sentir seul.

Être seul, c'est dans le réel : il n'y a personne avec nous, et on peut se sentir bien ainsi, ne pas ressentir de solitude intérieure.

Se sentir seul, c'est une émotion, un état intérieur. Cette émotion peut se manifester quand on est seul physiquement, mais aussi en présence d'autres personnes. On a du mal à sentir le lien entre nous et les autres.

Le sentiment de solitude peut être la conséquence amplifiée d'expériences antérieures, vécues dans l'enfance. L'enfant vit ses parents d'une certaine manière – un autre enfant pourrait les vivre autrement. Il n'est pas question d'accuser les parents, mais de pointer des situations qui peuvent faire naître ou grandir un sentiment intérieur de solitude. Les parents ont une part de responsabilité, cela ne fait pas d'eux des coupables : eux aussi ont pu avoir une enfance avec des difficultés, et elle les a construits avec leurs forces et leurs failles. Voici quelques cas de figure susceptibles d'ancrer une impression récurrente de solitude :

- Les parents sont peu disponibles émotionnellement (ils sont monopolisés par leur vie d'adulte, leurs soucis quotidiens, leur vie professionnelle, etc., et ne « voient » pas vraiment leur enfant, ce qu'il vit et comment il le vit), ils sont très occupés et souvent absents… Il est important de comprendre que leur capacité de présence a, sur l'adolescent, des conséquences qui sont à prendre en compte.
- L'enfant s'ennuie beaucoup, il passe énormément de temps à jouer seul, faute de présences autour de lui et de compagnons de jeu ou de frères et sœurs disponibles.
- Les parents laissent attendre leur enfant à la sortie de l'école ou de ses activités. Il passe son temps à patienter, sans savoir combien de temps cela va durer.
- Les parents sont présents, attentifs, ils donnent à l'enfant tout ce dont il a besoin matériellement. Mais l'amour n'est pas exprimé, ni par des mots ni par des gestes affectueux, et l'enfant parvient difficilement à le ressentir.

Il existe une infinité de cas de figure. Ce qu'il faut retenir ici, c'est qu'une expérience peut être vécue de multiples façons, notamment dans un sentiment de solitude. Certains vivent de la déception, d'autres de la colère, d'autres encore de la tristesse…

Nous disons cela pour t'aider à comprendre que ce sentiment inconfortable résulte d'une histoire : la tienne. Pour l'instant, c'est là. Il est important que tu identifies ce que tu ressens et que tu saches que cela ne résume pas ce que tu es : ce sentiment n'est pas là pour toujours.

L'antidote

L'expérience montre que se battre contre une émotion négative ne sert à rien. Pire : cela la renforce. Cela peut sembler étrange… En fait, c'est comme si quelqu'un frappait à la porte avec un message important à te délivrer. Tant que tu n'ouvres pas, il a tendance à frapper de plus en plus fort pour que tu le laisses entrer. Quel message ton émotion souhaite-t-elle te transmettre ? Sans doute veut-elle te dire que tu as besoin de sentir les liens qui te relient à d'autres personnes. Pour ce faire, peut-être pourrais-tu essayer d'aller vers quelqu'un en qui tu as confiance ? En attendant, peut-être que, comme Adam dans la situation que tu viens de découvrir, lire, partir dans l'imaginaire, te fait du bien et est précieux pour toi, te donne la force d'aller vers l'autre.

En tout cas, accepter que l'émotion soit là, même si elle n'est pas agréable, cesser de lutter contre elle, cela va te soulager et te prendre moins d'énergie. « OK, sentiment de solitude, tu es là, je te vois, mais je n'ai pas envie que tu m'envahisses. J'ai d'autres sentiments que toi, tu ne peux pas prendre constamment toute la place. »

Si tu te sens envahi, justement, respire profondément. Tu peux penser aux différentes parties de ton corps, les passer en revue tranquillement, des doigts de pied jusqu'aux sourcils, ressentir les endroits détendus, ceux qui sont douloureux... Tu es là, ici et maintenant. Tu es ton meilleur ami. Pas ton ennemi ! Un ami plein de qualités, un ami avec des zones d'ombre, comme tous les êtres humains. Fiche-toi la paix ! Savoure ce que tu aimes bien en toi. Si tu te rencontrais dans la rue, est-ce que tu aurais envie de te sourire ? Souris-toi dans la glace, chaque fois que tu croises ton reflet : cette complicité avec toi-même serait un beau début.

Pense aux gens que tu aimes bien, et au lien que tu as avec eux. Même si ces personnes ne sont pas avec toi là, tout de suite, le lien que tu entretiens avec elles existe toujours. Il te suffit d'envoyer un SMS ou d'appeler pour le vérifier.

Ce sentiment vise peut-être aussi à t'informer : tu as envie de te sentir au contact des autres, ou tu as besoin de te sentir soutenu, entendu. Écoute ton émotion. Qu'a-t-elle à te dire ? C'est peut-être l'émergence d'une sensation, d'un sentiment, d'un désir (cf. Le cycle de Zinker p. 53).

Scène de vie 3

Je n'arrive pas à exprimer ce que je ressens, j'ai l'impression que je dois toujours assurer

Jasmine

La situation

J'ai plein de copains, on passe notre temps à rire de tout et de rien. Si on m'observe de l'extérieur, je suis sûre que j'ai l'air d'une fille bien dans sa peau, gaie, insouciante. Pour ne pas peser sur mes amis, je montre toujours une image joyeuse et confiante. J'ai l'impression que s'ils me voyaient triste, ils ne m'aimeraient plus. Mes autres émotions, celles qui me donnent le sentiment d'être fragile, comme la tristesse, la colère, la déception, la peur, je n'arrive pas à les montrer, encore moins à en parler. C'est la même chose avec ma famille. Je suis le petit clown de service, toujours prête à faire rire, à réconforter. Je suis super forte pour écouter et prendre soin des autres. Mais dès que quelqu'un me pose une question qui me touche de trop près, je détourne la conversation en faisant une blague.

Pendant les grandes vacances, j'ai perdu ma grand-mère maternelle, que j'aimais beaucoup. Mes parents ont pleuré en ma présence, ce qui arrive rarement, et ça m'a encore plus bloquée de les voir tristes. Comme je ne voulais pas en rajouter, j'allais me cacher dans ma chambre pour m'écrouler quand je n'en pouvais plus. Dès que j'étais avec quelqu'un, je respirais un grand coup et je parlais d'autre chose pour le distraire. À la rentrée des classes, j'étais toujours triste. J'aurais voulu parler de la mort de ma grand-mère à mes amis, leur dire mon désarroi mais, chaque fois que c'était possible, les mots ne me venaient pas. Comme si quelque chose restait coincé à l'intérieur de moi. Personne ne s'en est aperçu ! Plus je me sentais mal, plus je blaguais. Ce qui me rassure, c'est que je suis capable de surmonter les situations de la vie les plus difficiles. Je suis trop forte ! Bon, en même temps, j'en fais quoi de mes émotions difficiles à vivre ?

L'explication

Tu peux donner aux personnes qui t'entourent l'impression d'avoir une bonne estime de toi et que, de manière équilibrée, tu te sens importante tout en accordant de l'importance aux autres. Mais si on y regarde de plus près, tu as peur de peser sur les gens quand il s'agit de leur montrer la partie de toi qui est vulnérable. Donc tu ris, tu amuses, tu mets en avant la partie de toi où tu es le plus à l'aise. C'est bien qu'elle existe : ta joie est une force ! Toutefois, tu as aussi le droit d'avoir des émotions moins confortables et de les exprimer. Tout le monde en a. Tu les considères peut-être comme un danger ? Peut-être ressens-tu la peur de t'effondrer et qu'ensuite ça ne s'arrête plus ? Or une émotion ne fait que passer, comme un nuage dans le ciel. Ce qui peut aussi te freiner, c'est que tu donnes moins d'importance à toi-même qu'aux autres : tu as peur qu'ils ne t'aiment plus s'ils te voient fragile. Tu prends soin d'eux mais ne les laisses pas prendre soin de toi. Tu mets comme une barrière entre eux et toi. Cela t'amène à avoir peur de tes propres failles donc soit tu les caches (comme Jasmine qui, dans la situation décrite ci-dessus, va pleurer toute seule), soit tu t'empêches de les vivre. Mais si tu t'empêches de les vivre, elles ne disparaissent pas pour autant. Elles se stockent dans ton corps, comme des expériences qui restent en attente d'être achevées, et elles agissent peut-être différemment pour tenter de se faire entendre de toi. Cela peut donner lieu à des angoisses, ou à des manifestations physiologiques comme des irritations de la peau, une constipation, des problèmes de digestion, des douleurs de dos… Et ces émotions bloquées nous suivent jusque dans notre vie d'adulte.

L'antidote

S'il est difficile pour toi de parler de tes émotions, il est important dans un premier temps de respecter cette difficulté. Peut-être pourrais-tu imaginer une forme à ton émotion bloquée du moment, puis la dessiner ? Ainsi, elle commencerait à sortir de toi, en gribouillis noir, en gros bonhomme poilu…

Ta capacité à t'exprimer avec humour peut t'aider à apprivoiser tes émotions désagréables.

Tu peux aussi t'inspirer du vécu d'un personnage dans un film, une série, un roman, un manga que tu aimes bien, ou encore laisser venir en toi un paysage, un souvenir, une forme ou une couleur qui te permette de te représenter ce qui se passe en toi.

Si tu veux essayer d'aller plus loin, peut-être peux-tu trouver dans ton entourage une personne avec qui ce serait un peu plus facile d'explorer cela ? L'idée ne serait pas de dire ton émotion, mais de partager avec cette personne ta difficulté à exprimer de la colère, de la tristesse, de la déception…, tout ce que tu juges impossible à laisser sortir de toi. Si parler reste malgré tout compliqué pour toi, tu pourrais faire lire ce passage du livre à cette personne de confiance ; ce serait une manière moins directe d'en parler, peut-être plus facile pour toi dans un premier temps.

Scène de vie 4

J'ai l'impression de ne jamais faire assez bien

Enzo

La situation

Hier, j'ai eu un 18 sur 20 en français. Je n'avais pas eu une aussi bonne note depuis un moment. La prof m'a félicité et encouragé devant toute la classe. J'étais plutôt content mais, au fond de moi, une petite voix grincheuse murmurait que « 18, c'est moins bien que 19 ». J'aurais dû faire mieux.

Le soir, mon père m'a demandé comment s'était passée ma journée et, sans attendre la réponse que je m'apprêtais à lui donner, il a voulu savoir si j'avais eu des notes. Ma mère ne disait rien mais je voyais bien qu'elle écoutait attentivement. J'ai annoncé mon 18 en français, un peu timidement. Mon père a dit : « C'est pas mal, mais je suis sûr que tu aurais pu faire mieux. » Et voilà. Comme d'habitude. Je me rendais compte que je le décevais. Ma mère a tenté un « C'est bien tout de même, 18 sur 20, tu as drôlement remonté depuis la dernière fois ». Mon père a soupiré d'un air excédé. J'ai failli raconter la réaction de la prof, qui ressemblait à celle de ma mère, et puis je n'ai rien dit. À quoi bon ? Mon père l'aurait trouvée laxiste, il aurait dit qu'elle ne me poussait pas vers la perfection. Qu'est-ce que je dois faire pour être à la hauteur ? Je n'en peux plus de ces discours qui me donnent l'impression que je dois être parfait. Quel exploit dois-je accomplir pour que mon père me félicite enfin ? J'ai beau apprendre mes leçons, passer des heures sur mes devoirs, j'ai la sensation que ce n'est jamais assez. Là je parle des notes, mais c'est pareil pour le sport et le reste. Je n'ose plus ouvrir la bouche, j'ai l'impression que toutes mes idées sont inintéressantes.

L'explication

En tant qu'adolescent, tu es en train de te construire. Les paroles de tes parents, leur attitude, ont un impact fort sur toi, jusqu'à te laisser croire qu'elles te définissent. Le plus souvent, les parents pensent faire au mieux pour leurs enfants. L'exigence des tiens est une manifestation de l'intérêt qu'ils te portent. Parfois, pour tout un tas de raisons, telles que l'inquiétude pour ton avenir, le dosage de ces exigences est trop fort. Cela peut te donner l'impression que tu devrais toujours faire mieux. Tu finis même par croire que, dès que quelqu'un te regarde, il lit en toi que ce que tu es ne suffit pas. Tu projettes (cf. p. 47) que tout le monde pense ça de toi. Si tes parents ne t'accueillent pas comme tu es, tu peux te sentir rejeté. Dans la situation ci-dessus, Enzo introjecte (cf. p. 46) toutes les phrases qu'il entend de la part de son père. Elles vont devenir des croyances dans sa mégalopole de la Personnalité, se construire et se renforcer au fil de ses expériences : « Je ne suis pas assez bien », « Je ne fais pas assez », « Je dois être parfait ». Cela développe une pression intérieure très forte, une exigence élevée que tu peux finir par avoir envers toi-même, sans que personne à l'extérieur n'ait plus besoin de te le demander. Comme tu es en pleine construction, ces critiques répétées finissent en effet par créer une sorte de biais en toi, une autoroute neuronale qui te mène chaque fois vers ces mêmes pensées d'insuffisance. Tu risques de grandir en ayant des croyances négatives sur toi, qui t'empêcheront d'avoir conscience de ta valeur. Et ces croyances négatives peuvent s'ancrer pour longtemps en toi, parfois même jusqu'à ta vie d'adulte, sous la forme d'une petite voix intérieure qui tiendrait des discours négatifs sur toi-même. C'est légitime que tu aies besoin d'être valorisé par tes parents. Peut-être le font-ils un peu, à leur manière ; ou pas du tout, ce qui est plus difficile à vivre, car cela t'empêche de développer ta capacité à valoriser ce que tu fais de bien.

Cela t'entraîne alors dans une course folle vers la perfection, un horizon inatteignable, car la perfection n'existe pas. En revanche, émotionnellement, cette quête mène vers des émotions difficiles et douloureuses.

L'antidote

Tu as de la valeur. Tout le monde a des qualités et des imperfections. Parmi les personnes qui te regardent, certaines choisissent de voir tes qualités et de t'en faire part. D'autres sont centrées sur tes imperfections, pour des raisons qui ne dépendent pas forcément de toi. En fait, elles sont centrées de manière générale sur les imperfections des autres et du monde. Tu n'en es pas responsable.

Toi, tu es un être en devenir. Tu es précieux, c'est un fait. Tu as des capacités. C'est important de mettre de l'énergie pour apprendre, pour faire de ton mieux. Une dose équilibrée d'exigence, c'est juste, et cela t'aide à évoluer. Mais si certains adultes te regardent avec trop d'exigence, cela est contre-productif et risque de te bloquer.

Passe en revue ton entourage : tous les regards portés sur toi disent-ils vraiment que tu ne fais pas assez bien ? Ou bien est-ce juste une impression que tu as ? Dans le cas d'Enzo, raconté ci-dessus, sa mère et sa professeure l'encouragent. Nous t'invitons à t'ouvrir aux regards bienveillants qui t'entourent, même sous la simple forme d'une phrase ou d'un sourire, même venant d'une personne pas très proche de toi. Donne-leur de la valeur, du crédit. C'est comme un entraînement : plus tu vas te concentrer sur les regards positifs, plus tu les remarqueras et les goûteras.

Ton regard sur toi compte, lui aussi. En grandissant, tu vas apprendre à lui donner de l'importance. Commence par t'ouvrir à l'idée que tu peux te traiter avec douceur. Par exemple, si tu sens intimement que tu as progressé dans une matière, c'est que c'est juste. Et c'est une belle capacité que de parvenir à percevoir ta propre progression.

Distingue qui tu es de ce que tu fais. Au niveau de ta façon de faire, de ton attitude, par exemple dans les études, tu peux mettre des éléments en question, tendre vers l'excellence si c'est une énergie qui t'anime, un chemin que tu as envie d'emprunter. Et tu peux cheminer en douceur, en validant chaque étape franchie.

En revanche, ton Être, qui tu es au fond de toi, est suffisant, précieux, et tu as toute la vie pour apprendre à le découvrir. Il peut même être un allié pour atteindre le meilleur de toi, car il va t'aider à célébrer chaque étape, te soutenir pour arriver là où tu désires aller.

Scène de vie 5

C'est bizarre d'être dans mon corps

Carla

La situation

Quand j'étais petite, j'étais là, dans mon corps, et puis voilà. C'était bien. C'était naturel. Mon corps, c'était moi, je ne me posais pas de question. J'aimais bien me déguiser, choisir des habits qui me plaisaient... Et puis, la plupart du temps, je ne pensais pas à mon apparence, tout simplement. Depuis quelques mois, c'est différent. Enfin, *mon corps* est différent. Il change. Parfois je m'examine dans la glace et j'ai du mal à me reconnaître. Des poils sont apparus sous mes bras et sur mon pubis, quelques boutons d'acné sur mon visage... J'ai aussi eu mes premières règles, et maintenant je dois toujours avoir une protection dans mon sac au cas où elles arriveraient à un moment où je ne m'y attends pas. Non mais, saigner chaque mois, c'est une galère ! Je vais sûrement m'y habituer mais, la première fois, j'ai eu un peu peur, même si je savais ce que c'était. Maman m'a rassurée, elle m'a donné des serviettes jetables et des serviettes lavables, en me disant de choisir ce que je préférais. J'ai l'impression d'assister à ce qui m'arrive sans rien décider. Mon corps change, que ça me plaise ou non, je n'y peux rien. Je sais bien que c'est la puberté et tout ça mais la vivre, c'est une autre histoire ! J'enviais un peu mes copines qui devenaient des ados, et maintenant que c'est mon tour, je ne trouve pas cela très confortable. Le regard des autres, aussi, me gêne. Certains garçons font des remarques sur mes seins, mes fesses ; heureusement qu'ils ne sont pas tous comme ça ! Et puis mes émotions changent, elles aussi. Elles sont plus fortes qu'avant, plus intenses, parfois je me mets à pleurer ou à rire et je ne sais même pas pourquoi, c'est fou ! Comment m'habituer à cette nouvelle enveloppe ? J'ai un peu l'impression d'être un animal qui mue.

L'explication

Nous l'avons détaillé un peu plus haut, aux pages 35 à 38 : chaque personne est un Self, et ce Self est dynamique, il évolue avec le temps, au fur et à mesure de notre histoire. Durant ce développement, chaque fonction incluse dans le Self évolue, elle aussi. Ainsi, à l'adolescence, le corps change et les émotions qui y sont logées deviennent plus subtiles, parfois plus intenses. Les « Je » s'affirment de plus en plus, que ce soit le « Je peureux » ou le « Je bienveillant ». Dans la mégalopole de la Personnalité, les quartiers s'enrichissent de nouvelles croyances, d'idées, d'opinions, de valeurs que tu affines ou que tu découvres…

Il y a comme un bouleversement dans les royaumes du Corps et du Ça. C'est étrange d'être témoin des changements qui s'opèrent en soi, en particulier dans ce corps qui devient peu à peu celui d'une personne adulte. En même temps, c'est positif de les regarder, d'en parler. Il s'agit d'une nouvelle étape dans le processus de ta vie, le passage de l'enfance à l'adolescence puis à l'âge adulte. Cela demande une adaptation, avec des étapes à passer.

Ces étapes sont l'ouverture vers des expériences inédites. Certaines ne sont pas forcément faciles à négocier, comme les mutations physiques, les hormones qui s'affolent. Pas de panique, il s'agit juste d'une phase ! Ce qui est magique avec la vie, et ce qui est sûr, c'est que tout change constamment, comme des vagues chaque fois différentes, et cela à tous les âges.

À l'adolescence, il y a aussi des étapes intéressantes et même surprenantes : c'est la tranche d'âge où l'on a envie d'être de plus en plus autonome, de vivre du fun au-delà du cercle familial, de découvrir le monde qui nous entoure en le regardant par son propre prisme. On a envie de voir ce qui nous attire, nous, en nous éloignant de l'influence des parents, par exemple dans le choix des lectures, des films, des jeux… C'est notamment de cette manière que notre identité se dessine. Et cette identité passe notamment par le corps. Tu es là, dans ce corps qui change, ça te fait bizarre, et ça te montre aussi que tout ton Self change, que tu as ta vie à construire. Cette aventure peut faire un peu peur et, en même temps, comme toutes les aventures, elle est excitante…

L'antidote

Et si tu surfais sur la vague de la puberté ?

Ton corps est le théâtre d'une accumulation de changements : des boutons d'acné apparaissent, les premières règles arrivent pour les filles, les poils poussent, la voix des garçons mue, les émotions s'amplifient, on prend – ou pas – du poids, on grandit vite ou lentement et on se compare aux changements qui apparaissent chez les autres du même âge… Le corps se transforme, c'est un processus inévitable. Pour le vivre au mieux, le premier pas fondamental est de l'*accepter* (cf. p. 26).

Tu as le droit de ne pas être d'accord avec ces modifications que tu n'as pas décidées, d'être en colère contre ça, ou triste peut-être. Si ces émotions se manifestent, il est important que tu les reconnaisses. Mais *lutter* contre ce qui se passe dans ton corps n'aurait qu'un effet : te faire souffrir encore plus. Il n'y a pas de jugement à avoir sur ces transformations. Plus tu les acceptes et les regardes avec curiosité, moins tu te juges, plus tu t'allèges. Si tu en parles avec une personne de ton âge dont tu te sens proche, tu constateras sans doute que vous vous posez des questions similaires et tu auras davantage la sensation d'appartenir à une communauté, celle des ados… Quant aux adultes qui t'entourent, ils se souviennent probablement des questions qu'ils se posaient, eux aussi, en constatant que leur corps se transformait; peut-être peux-tu en parler avec une personne en qui tu as confiance?

Accepter, c'est se dire que c'est là, même si l'on n'est pas d'accord, même si c'est désagréable. Si tu acceptes que des changements s'opèrent, tu peux te dire cette phrase chaque fois que tu as l'impression de lutter contre ton corps : «Je le vois, ça existe.»

Ainsi, tu vas pouvoir te laisser glisser sur la vague, amener un peu de légèreté dans ce qui se passe, peut-être apprendre à prendre soin de toi, en appliquant un traitement pour ta peau, en prenant plaisir à habiller ce nouveau corps, à te créer un look qui te plaît...

Quoi qu'il arrive, la tolérance est de mise. Prends ton temps pour appréhender, pour accepter ce qui arrive, là, pour toi. Parfois, se dire simplement «J'ai le droit de ressentir tout ça en moi» fait du bien.

Scène de vie 6

Je ressens souvent de la honte

Achim

La situation

La première fois qu'un garçon m'a dit « Eh, le rouquin, t'as les cheveux qu'ont pris feu ou quoi ? T'es moche avec ça sur la tête », je n'ai pas compris ce qui m'arrivait. J'y ai souvent repensé, ça me hantait. Est-ce que c'est laid d'avoir les cheveux roux ? Est-ce que je suis moche à cause de ça ? Je n'ai pas osé en parler à mes parents, ni à mes copains. Et puis, l'année suivante, ça a recommencé. Cette fois, c'était un groupe qui se moquait de moi. Ils ont même posté des photos de moi sur les réseaux sociaux en disant que j'étais ridicule, que je ferais mieux de me cacher, et plein de trucs dans ce genre. Dès que je vais en cours, je suis persuadé que tout le monde me regarde et fait des commentaires dans mon dos. Alors j'arrive en retard pour éviter ce moment pénible. Tout en sachant qu'il y en aura plein d'autres. J'ai honte de moi, je ne sais plus où me mettre, mes épaules se sont voûtées, je n'ose même plus prendre la parole en classe, parce que les autres vont me regarder, et je ne saurai plus ce que je voulais dire. Ça me poursuit tout le temps. Je ne me sens pas intéressant, pas important, rejeté. Ils ont peut-être raison, ceux qui se moquent de moi. S'ils me rejettent, c'est sûrement que je ne suis pas assez bien. Parfois, je voudrais disparaître…

L'explication

Il se peut que certaines personnes se moquent de quelque chose qui fait partie de toi, que ce soit par rapport à ton physique, à ta façon d'être, de parler… Or, tout particulièrement à ton âge, le regard qu'on pose sur toi est important, car il fait partie de la construction de ton identité. Il te permet de te faire une idée de qui tu es, de te forger des représentations de ta personne. Les regards négatifs, malveillants, voire franchement cruels, sont parfaitement injustes. Ils te font souffrir et peuvent abîmer, au moins pour un temps, l'image de toi que tu es en train de te construire.

Ces regards malveillants, tu ne les comprends pas, et c'est logique : ils ne sont ni compréhensibles ni justifiables. Mais comme tu ne les comprends pas et que tu t'interroges sur leur origine, leur raison d'être, tu finis par croire qu'ils te définissent. Tu te remets en question, tu penses que c'est toi le problème, que quelque chose ne va pas chez toi. Et tu finis par avoir honte… honte de toi.

Or la honte est une émotion lourde à vivre. Elle vient toucher ton intégrité. Elle t'empêche de te sentir bien dans ton environnement. Elle provoque un sentiment d'insécurité au milieu des autres, même de ceux qui n'expriment pas de critiques négatives gratuites. Cette honte est issue d'un rejet et elle peut t'amener à te rejeter toi-même. Avoir honte de sa personne, de qui on est, c'est douloureux, et ce n'est pas juste.

Il peut arriver qu'on éprouve un autre type de honte – que l'on assimilera plutôt à la culpabilité –, cela de façon passagère, après avoir fait du mal à une personne, ou dit quelque chose de blessant, volontairement ou non. Dans ce cas, le sentiment de honte est plutôt sain : il nous aide à réfléchir à la façon dont nous nous comportons, à nous améliorer, et peut-être à réparer. C'est une honte ponctuelle, en lien avec les comportements, qui vient de quelque chose qu'on a dit ou fait. En revanche, avoir honte de soi, de qui on est, de façon régulière et prolongée, c'est mauvais pour soi et pas du tout légitime : qui tu es, c'est bien, c'est juste, c'est précieux et sacré !

L'antidote

Tout d'abord, sache que les autres, quel que soit leur nombre, n'ont jamais, en aucun cas, raison de critiquer ta façon d'être. Chacun est comme il est, avec ses forces et ses faiblesses, ses particularités, et chacun a du beau en soi. Certaines critiques sont dictées par des normes sociales, des jugements faciles et irréfléchis. Pense aussi qu'en te rabaissant, les autres expriment peut-être un besoin de se rassurer, et donc une faiblesse qui leur est propre. En fait, ceux qui devraient ressentir de la honte, ce sont ceux qui te critiquent ainsi, qui se moquent de toi et te font souffrir.

Tu n'es pas la honte que tu ressens. Comment faire avec elle ? Nous te proposons de la matérialiser par un objet : par exemple un caillou, un jouet cassé, une peluche abîmée... Cet objet va représenter ton émotion de honte, il est là, à côté de toi, mais il n'est pas toi. De la même façon que la honte qui est en toi n'est pas toi.

Tu peux parler à cette honte matérialisée par un objet. Tu peux lui expliquer qu'elle n'a pas à remettre en question ta personne, que tu voudrais qu'elle s'en aille, car tu n'as pas besoin d'elle près de toi.

Quand tu es au collège ou au lycée, et que tu ne te sens pas très à l'aise avec les autres, tu peux fermer ta frontière contact et te mettre provisoirement dans l'égotisme (cf. p. 48) : certains camarades, que tu n'as peut-être pas remarqués ou pas encore rencontrés, peuvent te regarder autrement et avoir envie de se lier à toi. Il n'est pas question que tu t'en coupes. Néanmoins, au besoin, tu peux penser à cette bulle protectrice tout autour de toi, qui te préserve de la malveillance que tu ressens parfois : tu fermes ta frontière aux moqueurs, tu décides de ne pas laisser leurs phrases assassines entrer en toi, tu leur laisses !

Nous te rappelons aussi que ton Être (cf. p. 43) est une partie de toi qui n'est pas touchée par ce que tu vis là. C'est la partie de toi lumineuse et puissante que rien ni personne ne peut détériorer ni ternir. Souviens-t'en régulièrement : quoi qu'il arrive, personne ne peut altérer cette lumière qui brille en toi.

Comme la honte est une émotion pesante à porter seul, il est important d'en parler. Nous te conseillons de ne pas t'isoler avec ce sentiment. Tu peux faire appel à un professionnel (psychologue, sophrologue…) pour en parler en toute confiance, sans avoir peur du regard de l'autre.

Être victime de harcèlement est une épreuve. Ne reste pas seul. Tu peux en parler à un camarade, au CPE ou au psychologue scolaire de ton établissement, à ton professeur principal, à tes parents. Tu peux aussi appeler le 3020 pour être écouté…

Scène de vie 7

La situation

J'étais tellement contente de partir en camp d'ados ! Au début, j'ai eu du mal à convaincre mes parents. Ils avaient plein d'objections : « C'est cher », « Est-ce que l'organisme est sérieux ? », « On n'a pas de retours sur cet endroit »… À force d'insister, de leur montrer des documents, ils ont accepté, surtout parce qu'il y avait des cours d'anglais et que ça me permettrait d'améliorer mon niveau dans cette langue. J'étais trop contente ! En plus, ça se passait en Irlande, j'allais prendre le bateau pour y aller... Mais plus la date approchait, plus je sentais une angoisse monter. D'abord toute petite, puis de plus en plus présente, une sorte de douleur au-dessus du ventre, là où s'arrêtent les côtes, qui ne me quittait presque plus. Est-ce que j'allais réussir à me débrouiller toute seule ? Je n'étais jamais partie sans mes parents... Et dans un grand bateau, est-ce que je saurais comment me comporter ? Retrouver ma cabine facilement ? En anglais, je n'étais pas si bonne que ça, je risquais de galérer pendant les cours, les autres seraient sans doute meilleurs que moi... Rien qu'à l'idée de passer le petit examen de début de stage qui définirait dans quel groupe de niveau je serais mise, mon cœur ratait des battements. Je ne pouvais tout de même pas dire à mes parents que je ne voulais plus y aller ! Alors, la veille du départ, j'ai dit que je me sentais mal, que j'étais malade, que je ne pouvais pas partir dans cet état. Ma mère m'a emmenée chez le médecin ; il m'a examinée, m'a regardée dans les yeux et a dit à ma mère qu'il voulait me parler, rien qu'à moi, pendant quelques minutes. J'avais les larmes aux yeux. Il avait sans doute compris, c'était la honte... En fait, il m'a parlé gentiment, m'a demandé si j'avais peur de quelque chose. Il m'a dit que c'était normal de ressentir de l'appréhension devant une expérience nouvelle, mais qu'il avait confiance en moi, que j'avais toutes les qualités pour y arriver, que je pouvais me faire confiance, comme il le faisait, lui. Et vous savez quoi ? Ça m'a soulagée. J'ai participé à ce camp d'ados. Et même si je me suis posé des tonnes de questions, au final tout s'est bien passé.

L'explication

Te faire confiance est une capacité que tu développes au fur et à mesure de tes expériences. Et c'est vrai pour tout le monde. Comme c'est progressif, il faut parfois t'armer d'un peu de patience, le temps que cette capacité se construise et se renforce en toi. Tu vas la sentir se déployer petit à petit.

Lorsque tu tentes de nouvelles choses, tu as le trac, c'est normal. Tu peux même ressentir des douleurs, par exemple au plexus, comme Zora. Tu y vas quand même ? C'est courageux de ta part, tu peux te féliciter ! Quand le résultat d'une de tes actions est satisfaisant ou agréable, cela renforce ta capacité à te faire confiance. Cela peut être avoir une bonne note à un devoir que tu as bien compris, te faire un nouvel ami ou une nouvelle amie, t'inscrire à une activité que tu n'as jamais pratiquée, expérimenter une recette pour la première fois, jouer à un jeu dont tu viens d'apprendre les règles… En revanche, si le résultat est décevant ou engendre en toi une sensation désagréable, cela peut freiner pour un temps le développement de cette capacité ; mais si tu surmontes cette sensation désagréable et apprends de ton expérience, cela sera un pas de plus vers ta confiance en toi.

Les personnes de ton entourage seront soit un vecteur, soit un frein, selon qu'elles écoutent tes émotions, t'encouragent ou non. Ainsi, dans l'histoire ci-dessus, le médecin de Zora est un vecteur : il aide la jeune fille à trouver du courage, des ressources en elle-même, il la rassure, l'encourage, et ça l'aide à avoir plus confiance en elle et en la vie.

L'antidote

Face à la nouveauté, tu as bien sûr le droit de ressentir du trac. Seulement, cela réveille le petit bonhomme grincheux qui habite dans ton Self, sur les terres du « Je peureux ». C'est important de comprendre cela car, à ce moment-là, tu peux faire appel à la petite fée de la contrée du « Je bienveillant ». Elle va t'aider à te réconforter. Comment ? En te rappelant toutes les fois où tu as tenté de nouvelles choses et où cela a été agréable. Tu peux prendre une feuille et un stylo, et noter tous ces moments positifs, toutes ces audaces qui ont commencé à renforcer ta confiance. Cela va créer un effet boule de neige et t'inciter à oser expérimenter une nouvelle fois quelque chose de neuf que tu penses être bon pour toi.

Même si c'est une toute petite chose, il est important pour toi de la regarder, de te féliciter d'avoir osé, et de la célébrer, ne serait-ce qu'en pensée.

Tu peux aussi partager tes craintes avec des personnes qui savent t'écouter et te rassurer. Elles vont t'aider à ressentir de la confiance à nouveau. Parfois on a besoin d'aide, c'est important d'oser écouter ses besoins d'être rassuré ! Aller vers les autres est une ressource puissante, pourvu que tu choisisses les interlocuteurs dont ton intuition te souffle qu'ils sont bons pour toi.

Scène de vie 8

Je déteste mon corps

Titouan

La situation

Je vis seul avec mon père, c'est lui qui prend soin de moi depuis que ma mère et lui ont divorcé et qu'elle est partie vivre dans un autre pays. Juste avant la rentrée, mon père m'a dit :

— Titouan, tu n'as plus rien à te mettre, il faut qu'on t'achète des vêtements pour la rentrée.

J'ai répondu :

— J'ai tout ce qu'il faut.

Je sentais déjà la panique me gagner, mais je ne voulais surtout pas le montrer. Comment est-ce que j'aurais expliqué ça ? Il y a plein de filles et de garçons qui sauteraient de joie à l'idée d'acheter des baskets neuves, un jean et un blouson stylés… Moi, j'aime bien les vêtements, mais pas les essayer ! Là, c'est le cauchemar.

Mon père m'a charrié et on y est allés, forcément.

— Cache ta joie ! m'a-t-il dit en me faisant un clin d'œil.

J'aurais préféré qu'il me demande pourquoi je faisais la tête… Ou peut-être pas, en fait, parce que je n'aurais sans doute pas osé lui avouer la vérité.

On est entrés dans une boutique, on a choisi des trucs – j'étais dans une sorte de brouillard – et j'ai dit :

— Je suis sûr que c'est à ma taille. C'est impec.

Rien à faire. Il a fallu que j'entre dans la cabine d'essayage et que je me déshabille sous la lumière crue. Au bout d'un moment, mon père m'a demandé :

— Je peux voir ?

— Pas encore…

— Qu'est-ce que tu fabriques ?

Je me regardais dans la glace. En slip. Je détaillais mes jambes trop maigres, les trois poils de ma barbe, les boutons d'acné sur mon front et mes joues, mon torse qui n'en finit pas. Des larmes coulaient de mes yeux, je les ai essuyées avec rage. Ce fichu corps. Je le trouve moche. On dirait un assemblage de bouts qui ne vont pas ensemble.

J'ai enfilé un des tee-shirts et un pantalon. Rien ne me va, même pas ces trucs qui ont l'air sympas quand ils sont en pile dans le magasin. J'ai ouvert d'un geste brusque le rideau de la cabine d'essayage.

— Waouh ! a fait mon père en me détaillant. Ça te va très bien ! T'es tout beau !

— Parfait, a approuvé une vendeuse.

Ils ne voient rien ou quoi ? Je ne supporte pas l'idée que j'ai ce corps-là et, eux, ils font des compliments ?

Sans un mot, je me suis de nouveau caché dans la cabine, sous l'éclairage impitoyable, et j'ai remis mes vieilles fringues. Qu'on s'en aille d'ici, c'est tout ce que je veux !

L'explication

Avoir la sensation de détester son corps, c'est une façon de se rejeter soi-même. Cela peut amener à adopter des comportements durs, voire maltraitants, avec lui, notamment des troubles importants de l'alimentation, entraînant des conséquences à prendre très au sérieux. Ces comportements sont souvent accompagnés de mots durs, dégradants, envers soi-même, puisqu'on vit son corps comme s'il était un ennemi.

Pourquoi est-ce que tout le monde ne réagit pas de cette façon ? Grandir, c'est toujours voir son corps changer. Mais parfois, on ne le reconnaît plus. Pour certains, c'est simplement un phénomène curieux, pour d'autres, c'est une souffrance. L'image dans le miroir semble déformée, on n'est pas en accord avec ce qu'on voit. Mais ce qu'on regarde, au fond, ce n'est pas l'image objective que nous renvoie le miroir. C'est la façon dont on la ressent. La preuve : ceux qui nous aiment nous trouvent de la beauté, de la grâce… Le ressenti fait toute la différence.

Notre corps, c'est nous. Il nous permet d'être dans le monde, de respirer, de bouger, de parler, de sourire, d'agir… Il nous limite, nous délimite, comme un cadre rassurant et nécessaire qu'il est impossible de dépasser ou de transgresser. Il nous accompagne tout au long de notre vie.

Si nous ne nous sentons pas en accord avec notre corps, c'est parce que la perception que nous en avons nous fait souffrir. Cette perception est influencée par les modèles de beauté qu'affiche la société, l'idée de la beauté n'étant pas la même selon l'endroit et l'époque. Elle est aussi influencée par notre entourage, qui peut avoir des mots blessants ou que nous allons vivre comme blessants. Considérer qu'on ne correspond pas aux critères de l'environnement peut amener à ce rejet douloureux.

L'antidote

Si tu maltraites ton corps d'une façon ou d'une autre, si tu te fais du mal pour le punir, il est urgent et important que tu en parles à tes parents, à ton médecin, à l'infirmier scolaire, un CPE, un surveillant, un professeur… à un adulte avec qui tu te sens en confiance et qui saura t'aider, te guider : ta santé est en jeu.

Et si, pendant un instant, tu faisais une trêve avec ton corps ? Tu peux te poser les questions suivantes :

- Qu'est-ce que je peux faire d'agréable grâce à mon corps ? Par exemple, écouter de la musique, respirer, jouer, faire un câlin, marcher, courir, dessiner, faire du vélo…

- Qu'est-ce que je peux ressentir d'agréable à travers lui ? Par exemple du rire, de la joie, de l'amour, de la fierté, de l'amitié…

En effet, c'est à travers ton corps que tu ressens, que tu éprouves. Ton corps t'aime inconditionnellement et cherche toujours à composer avec toi : même si tu le détestes, il fonctionne du mieux qu'il peut pour toi.

Tu es dans une période de transition. Tout est possible pour ton corps. Essaie de le regarder sans jugement, même si c'est pendant de courts instants, de lui sourire, de regarder ce que tu aimes bien en lui, même si ce sont de petites choses : tes doigts de pied, tes épaules, la couleur de tes yeux… N'oublie pas qu'il bouge, dans la vie, il n'est pas immobile comme quand tu t'observes dans la glace avec peut-être un regard dur. Ce corps en mouvement, vif, expressif, peut-être ne le connais-tu pas si bien que ça… Si tu fais ce petit exercice quand tu le peux, tu vas créer une autre relation avec ton corps. Même si pour le moment tu le considères comme un ennemi, pour lui tu es son meilleur ami, et il a choisi de t'accompagner tout au long de ta vie.

Scène de vie 9

J'ai du mal à savoir qui je suis

Katrina

La situation

Je suis l'aînée de six garçons et filles, les autres ont entre 3 et 13 ans. Mes deux parents travaillent dur dans leur boulangerie, avec des horaires à rallonge, alors ils me demandent souvent de petits services pour prendre soin de mes frères et sœurs : aller chercher le plus jeune à l'école maternelle, un autre à l'école primaire, les garder tous jusqu'à la fermeture, aller à la pharmacie récupérer des médicaments quand l'un d'eux est malade… Chaque fois, ce n'est pas grand-chose, mais ça se répète souvent. Alors en plus du lycée et de mes devoirs, de mes cours de danse et de mes entraînements de basket, des fois où j'ai envie de voir mes amis, une tonne de tâches m'attend. Je ne souffle pas beaucoup. Et puis mes frères et sœurs adorent quand je joue avec eux, ils me le réclament souvent. « Allez, Katrina, viens faire du vélo avec moi », « Et si on faisait une partie du jeu vidéo que j'adore, tu sais… ». Souvent j'accepte, mais parfois je refuse, parce que j'ai un devoir à rendre ou que tout simplement je n'en ai pas envie. Je vois bien que ça leur fait de la peine, qu'ils ne comprennent pas mes refus. Au final, parfois, je ne sais plus trop comment me situer. Est-ce que je suis une lycéenne comme les autres ? Une super grande sœur ? Une maman numéro 2 ? Tout ça à la fois ? C'est un peu comme si j'étais en même temps une ado et une adulte, et je me rends compte que ça me pèse. C'est trop lourd pour moi. Mais je n'ose pas en parler. D'abord, j'aime mes frères et sœurs, je vois bien qu'ils m'aiment aussi, et mes parents comptent sur moi pour les aider, je ne sais pas comment ils feraient sans moi. Comment me repérer dans tout ça ? Je ne me sens plus tout à fait moi-même et, à dire vrai, je ne sais même plus exactement qui je suis…

L'explication

Comme tu es adolescent et débrouillard – que tu sois un garçon ou une fille –, certains adultes peuvent oublier que tu es à un âge où, pour construire ton identité, tu as besoin de vivre des moments pour toi, avec tes amis, de faire tes propres expériences aussi. Il faut respecter un certain équilibre : oui, tu es en âge d'avoir quelques responsabilités, de faire plein de choses par toi-même, et c'est fondamental pour accéder à l'autonomie, petit à petit. Mais si ces responsabilités sont trop grandes pour toi, si elles ressemblent trop à celles d'un adulte, elles risquent de te peser. Elles l'emportent alors sur ta vie d'adolescent. Si elles débutent trop tôt, elles risquent de créer des angoisses en toi, alors que tu as besoin de légèreté pour te construire en douceur.

Ces responsabilités trop lourdes, ou qui ont débuté trop tôt dans ta vie, te font t'inquiéter pour des considérations d'adulte, qui ne te concernent pas ou sur lesquelles tu ne peux pas agir : tu n'as ni la liberté ni les ressources nécessaires pour vivre cela sereinement. En effet, à l'adolescence, on est encore dépendant de ses parents. Tu as besoin des adultes pour grandir. Alors si tu as l'impression que tu ne peux compter que sur toi-même, c'est compliqué et douloureux. Tu te construis en te définissant comme celui ou celle qui doit s'occuper des autres, qui doit s'inquiéter pour ses proches. Tu n'existes plus que dans ce rôle ! C'est pour cela que quand il t'arrive de te demander qui tu es, ce à quoi tu aspires, tu ne parviens plus à le savoir.

L'antidote

Chaque période de la vie connaît ses défis. Ton défi, celui de l'adolescence, c'est de vivre des expériences de ton âge : faire des activités qui te plaisent, partager du temps avec tes amis et plus généralement avec des gens que tu aimes et apprécies. C'est aussi rêver de ce que tu voudras faire plus tard, commencer à mettre en place des choses dans ce but, afin de préparer ton envol vers ta future vie d'adulte. C'est ce qui prime pour toi.

Cela ne signifie pas que tu ne dois pas rendre service à tes parents, par exemple en mettant la table, en débarrassant le couvert, en rangeant ta chambre, en participant à la préparation des repas… Mais tu n'as pas à prendre en charge des choses dont tu n'es pas responsable. Peut-être peux-tu en discuter avec tes parents, leur exprimer que tout ce que tu portes est lourd pour toi. Si tu n'exprimes pas tes doutes et tes difficultés, ils peuvent ne pas les voir et penser que tout est OK pour toi.

Savoir qui l'on est représente une quête de sens qui peut durer toute la vie. Mais c'est possible, et important ! Comme nous l'avons dit dans le chapitre 2 de ce livre, tu as en toi une partie qui n'est pas touchée par les expériences de la vie. Elle se nomme l'« Être » (cf. p. 43). Cette partie t'accompagne en permanence. Tu peux la ressentir de façon claire quand tu as de fortes intuitions, et dans tous les moments de la vie où tu te sens bien : lors d'un fou rire, d'une activité créative, quand tu es dans la nature… Cette partie de toi se ressent, sans que tu aies besoin de la définir. Tu peux entrer en contact avec elle en allant vers ce qui te plaît, ce qui te fait du bien, ce qui te fait vibrer, et en y accordant toute ton attention. L'Être est capable de te guider vers qui tu es vraiment : quand tu te sens bien, en accord avec tes valeurs, au cours d'une activité qui te plaît beaucoup, tu es pleinement toi-même.

Scène de vie 10

Je ne m'aime pas

Paul

La situation

Quand je me regarde dans la glace, je me fais une grimace. C'est devenu une habitude. Qui est ce garçon dans le miroir, avec ces boutons, ce corps tout maigre et ce long nez ? C'est moi ? Dire que certaines personnes me disent qu'elles me trouvent classe, beau… Elles voudraient que je les croie, peut-être ? Quelle blague ! Il n'y a pas que mon apparence. Je suis la source de tant de problèmes ! Si je n'étais pas là, ma mère aurait plus de temps pour faire les activités qu'elle aime. Pourtant, je voudrais tant qu'elle soit heureuse ! Mon père, lui, il ne faut pas le déranger ; si je fais la moindre bêtise, il me regarde d'un œil noir qui me fige à l'intérieur. Quand j'étais petit, je courais et j'ai cassé un vase, il s'est mis dans une colère froide qui m'a fait mal. Parfois je dis un mot de travers et un de mes copains se ferme, je m'en veux tellement ensuite ! Tout est ma faute. Le problème, c'est moi. Pour conjurer le sort et ne pas faire trop de trucs de travers dans la journée, j'ai inventé des stratagèmes : j'allume toujours la lumière un nombre pair de fois, je rentre dans une pièce du pied droit, je compte jusqu'à trois avant de traverser quand le bonhomme est vert… Je ne partage plus rien avec personne, je reste tout seul dans ma chambre. Je me dis que, si je n'ai aucun contact, il ne m'arrivera rien de désagréable. Ça a empiré depuis le début de l'année : j'ai peur de perdre mes amis dès que je dis quelque chose que je trouve débile, j'angoisse quand je parle à une nouvelle personne, je me dis qu'elle va découvrir à quel point je suis une imposture !

L'explication

Tu as l'impression que le regard de tes parents est jugeant. À travers ce regard, tu as la sensation de déranger, de ne pas être le bienvenu tel que tu es. Alors, tu commences à penser : « Pourquoi suis-je là ? Qui suis-je ? Ça ne va pas. D'après mes parents, je fais tout de travers… »

En cours, c'est la même chose, les autres sont durs et te disent souvent que tu n'es pas comme il faudrait : trop ceci, pas assez cela… Tu peux finir par en tirer la conclusion que le lien entre toutes ces réactions négatives, c'est toi, ce que tu es, ce que tu fais. Tu te dis que c'est toi le problème et tu finis par te punir d'être toi !

Cette douleur est profonde, elle parle de l'amour que tu ne ressens pas assez autour de toi, tu penses que tu n'en es pas digne et tu finis par ne pas t'aimer toi-même. Apprendre à s'aimer, c'est fondamental pour un enfant, et pour un adolescent. Mais la manière dont tu vis ton environnement t'empêche de développer cette capacité et c'est le contraire qui se produit.

C'est en effet à travers ses parents, ses proches, que l'on apprend à aimer, et surtout à s'aimer soi-même. Peut-être les personnes qui t'entourent n'ont-elles pas appris à exprimer l'amour qu'elles ressentent, ni à le montrer. C'est plus facile pour elles de montrer leur mécontentement que leur contentement. Alors toi, tu ne perçois que ce qui leur déplaît, tu as l'impression que leur amour est conditionnel et tu te dis : « OK, si je me comporte comme ça, je suis aimable ; si je fais ça, moins ! » Tu finis par croire qu'il faut que tu agisses d'une certaine façon pour mériter de recevoir de l'amour !

L'antidote

Chaque enfant naît avec un potentiel, avec la joie de vivre, avec son humanité. Tout cela existe en toi et fait de toi une belle personne. Ce que tu décris est une vision déformée de toi. Un filtre qui fausse la perception de ton Self. Si tu te sens comme Paul, que tu as l'impression d'être un problème, nous, ce que nous voyons, c'est un Être qui laisse de la place à l'autre, qui a envie de voir l'autre heureux. Mais on dirait que, toi, tu n'y as pas droit. Pourquoi ? Quelle faute aurais-tu donc commise pour mériter un tel traitement ? Tant de punitions ? À notre avis, rien ne justifie cette idée que tu te fais de toi.

Sache une chose importante : l'amour est inconditionnel ! Tu as le droit, comme tout le monde, d'être aimé pour qui tu es, comme tu es, et cela sans condition.

Cela veut dire une chose fondamentale : ce n'est pas toi le problème !

C'est important de distinguer le comportement d'une personne de ce qu'elle est.

On peut être d'accord ou pas avec un comportement (par exemple voler, ne pas apprendre ses leçons, se mettre en danger, ne pas être respectueux des autres...). En revanche, l'Être que nous sommes n'a pas à être jugé. Il n'a pas à être tributaire d'une appréciation.

Nous t'invitons à t'imprégner de cela : dans l'expérience, tu peux rester vigilant sur le fait que s'il y a un reproche, une critique, sur qui tu es, ce reproche ou cette critique appartient à l'autre, cela parle peut-être de sa propension à voir le négatif ou à être dans le jugement... en tout cas, ça parle de lui. Pas de toi.

Puis, quand tu le sentiras, tu pourras aussi tourner ton regard et tendre l'oreille vers celles et ceux qui te regardent et te parlent avec bienveillance, tendresse et même amour ; cela peut se manifester par des regards, des mots, des attentions, des appréciations. Tu peux choisir de leur donner de l'importance, au lieu de regarder uniquement ce qui ne va pas.

Tu peux choisir un carnet que tu trouves joli et y noter, comme si tu faisais une collection, ces appréciations positives (qui les a faites, quand, à quel propos, de quelle façon, les émotions que tu as éprouvées...), et les relire chaque fois que tu doutes de leur existence.

Enfin, nous t'invitons à t'ouvrir à l'idée de reconsidérer ce sentiment de rejet que tu éprouves pour toi : tu vas être en ta compagnie toute ta vie, s'il y a bien une personne à qui il est important que tu laisses sa chance, c'est bien toi !

Scène de vie 11

J'ai l'impression que rien ne m'intéresse

Kamila

La situation

Depuis ma chambre, j'entends ma sœur qui s'entraîne au piano durant des heures, dans la salle à manger. Elle ne se lasse jamais. Elle adore en jouer. En plus de ses cours, elle répète dès qu'elle le peut. La musique, c'est sa passion. Elle rêve de devenir concertiste. Je ne sais pas si elle y arrivera, mais je trouve ça déjà tellement génial d'avoir une passion dans la vie ! Ça stimule ma sœur, ça l'inspire. Dès qu'on parle musique, elle a les yeux qui brillent. Moi, je n'ai pas de passion. Enfin, j'aime bien les animaux, mais comme tout le monde. Qu'est-ce que je peux faire avec ça, à part caresser mon chat quand il vient me tenir compagnie ?

Quand j'ai fini mes devoirs, je traîne dans ma chambre, je regarde des séries, je scrolle sur les réseaux et j'échange avec mes copines sur mon smartphone. Quand elles me proposent d'aller faire du shopping, j'y vais parce que ça leur fait plaisir et que j'aime bien être avec elles, mais discuter de la couleur à la mode pendant des heures, bof. Mes parents m'ont emmenée visiter les châteaux de la Loire, c'est beau, mais je n'ai pas retenu grand-chose, et l'histoire, ce n'est pas trop mon truc. Dans ma vie, tout est un peu comme ça, finalement. Comme si j'avais un vide à l'intérieur, un manque d'énergie. Comme si tout était tiède. Pourquoi est-ce que je n'ai pas une passion, moi aussi ? Ce serait tellement bien. Mais je ne peux pas m'en inventer une, sinon ce serait pour de faux. Où la trouver ? Comment ? Mystère…

L'explication

Le fait d'être passionné n'a pas la même intensité chez tout le monde. L'enthousiasme est plus visible chez certains et plus timide chez d'autres : c'est OK ainsi. Tu n'as pas besoin de te juger pour cela, tu te fais du mal. Parfois l'objet de la passion est palpable. C'est le cas si on adore pratiquer un sport ou jouer d'un instrument : on va aux répétitions, on a des résultats… Dans la situation que nous avons décrite, Kamila sait regarder sa sœur et se réjouir de son bonheur. En fait, ce qui la fait vibrer, c'est peut-être la relation aux autres, tout ce qui touche à la psychologie, à la sociologie, aux sciences humaines...

Notre intérêt pour un domaine en particulier vient de nous-mêmes : en vivant des expériences, en explorant le réel qui nous entoure et la façon dont il résonne en nous, un intérêt profond pour telle ou telle chose nous apparaît un jour évident. Garde aussi à l'esprit que les intérêts varient et évoluent tout au long de la vie !

Tu es à un âge où l'on te demande ce qui t'intéresse pour t'orienter vers des études de ceci ou de cela, alors tu cherches ce qui t'attire, ce qui te plaît, quelque chose de concret avec un vrai métier au bout ! Et c'est là que ça coince : tu n'as pas encore pris conscience de ce qui t'intéresse vraiment. Mais c'est normal que ça prenne du temps.

Comme tu l'as vu dans le Self (cf. p. 39), la mégalopole de la Personnalité s'enrichit au fur et à mesure de nos expériences et de nos rencontres avec le monde. Cette évolution se fait à un rythme spécifique à chacun, et il n'y en a pas un qui soit mieux que l'autre.

L'antidote

L'essentiel pour découvrir ce qui te passionne, c'est la curiosité. Pour le moment, tu n'as peut-être pas envie d'explorer en profondeur un seul sujet ou une seule activité, mais plutôt de papillonner. Pourquoi pas ? Ce que nous te proposons, c'est de muscler cette curiosité. Par exemple, si tu regardes une série que tu adores et que le thème traité t'interpelle, tu peux faire des recherches dessus, creuser le sujet.

Ensuite, il est important de ne dénigrer aucune étincelle d'intérêt. Par exemple, Kamila dit qu'elle aime les animaux. C'est précieux car cela fait vibrer son cœur. Elle pourrait juste aller regarder comment vivent certains animaux (des animaux de compagnie, des animaux de la ferme, d'autres dans un parc animalier, ou encore les oiseaux dans les rues et les jardins, au quotidien…) et laisser naître en elle une ouverture vers l'observation du vivant : cet intérêt ouvre la porte à plein d'activités, d'études, de métiers.

Tire le fil de chaque étincelle de curiosité, cela te mènera tôt ou tard vers ce qui t'intéresse vraiment, ce qui te fait vibrer le plus, ce que tu auras envie d'approfondir.

Scène de vie 12

J'ai peur que ma mère ne m'aime plus

Sacha

La situation

Ma mère adore faire du vélo. Quand j'étais petit, elle m'a appris à tenir en équilibre avec deux petites roues en plus à l'arrière, puis sans. Depuis des années on fait des balades en forêt tous les deux. Elle adore ça et, dans ces moments, elle est détendue, on plaisante, je me sens proche d'elle. Et puis j'ai grandi. J'aime toujours les balades parce que c'est chouette, ces moments tous les deux. Mais j'ai envie de passer plus de temps avec mes copains. Parfois je monte sur mon vélo sans la moindre envie de pédaler, mais je n'arrive pas à lui exprimer que j'ai envie d'arrêter. Si je le lui dis, elle ne va peut-être plus m'aimer. À cette pensée, tout se fige à l'intérieur de moi… Le reste du temps, ma mère est dans son monde, et on ne se dit pas grand-chose. J'aimerais tellement qu'elle s'assoie à côté de moi quand je joue à un jeu vidéo qui me passionne, qu'elle ait envie de comprendre les règles, de faire une partie avec moi… Au moins une fois ! Si ce n'est pas moi qui vais vers elle, on va peut-être s'éloigner pour de bon.

L'explication

Pour que son enjeu d'attachement se développe de façon harmonieuse, un enfant a besoin de sentir que sa mère (ou la figure maternelle) l'aime de façon inconditionnelle. Il n'a rien à faire, rien à prouver, juste à être, pour que sa mère l'aime. Grâce à ce socle, il pourra se sentir en sécurité avec les autres, s'attacher et se détacher sans en éprouver de l'inquiétude ou de l'angoisse. Si au contraire le lien avec la mère est fragile, si par exemple elle est perçue comme lointaine, l'enfant peut se sentir dépendant, en insécurité, avoir des difficultés à s'engager dans une relation de façon libre, à reconnaître ses besoins et à les accepter… Cela peut être très douloureux.

Tu ne peux pas faire comme si tes envies n'existaient pas, ou comme si elles n'avaient aucune importance. Elles sont des informations précieuses pour vivre des expériences et en apprendre les leçons. Dans la situation décrite, Sacha ressent des émotions qui l'informent qu'il a d'autres aspirations que de se promener à vélo avec sa mère. S'il les écoutait et tentait d'aller dans leur sens, il se sentirait sans doute mieux dans sa peau, autorisé à expérimenter d'autres sports par exemple, sans forcément abandonner sa pratique actuelle. Toutes les solutions pratiques sont à envisager, mais les émotions sont aussi à prendre en compte, car Sacha est bloqué par une peur puissante : celle de perdre l'amour de sa mère s'il ose être lui-même.

L'antidote

L'amour est inconditionnel : quoi que tu fasses, ta mère t'aime. Le rôle des parents est d'aider leur enfant à prendre son envol. Si tu as envie de vivre tes expériences de ton côté, c'est que ta mère a bien rempli son rôle car tu te sens en sécurité pour aller dans le monde.

Pour trouver une solution à une incompréhension et apaiser une peur, le meilleur moyen est d'aller au contact et d'en parler.

La communication est nécessaire, fondamentale pour apaiser ta crainte. Tu peux prendre le temps d'écrire ce que tu veux exprimer par exemple à ta mère, en te servant des étapes de la communication consciente (cf. p. 52 et 53). Pour Sacha, cela donnerait :

- Étape 1 : Maman, quand je décide de faire une autre activité que de passer du temps avec toi…
- Étape 2 : … j'ai l'impression que tu vas être triste, et que peut-être tu vas moins m'aimer.
- Étape 3 : J'ai besoin que tu me dises ce que tu ressens, toi. J'aimerais que tu me rassures.

Dès que c'est possible, va au contact, même si tu prends du temps pour le faire, ce n'est pas grave : le principal, c'est de tenter, car c'est le meilleur moyen de désamorcer un conflit intérieur ou relationnel. Tu verras que cela a même le pouvoir magique de renforcer le lien.

Scène de vie 13

Je me trouve bête

Maëlys

La situation

C'est simple, je suis moyenne en tout. Ni bonne ni mauvaise. En maths, en français, en histoire, j'ai la moyenne, un peu plus ou un peu moins. Les profs me rendent mes copies sans faire beaucoup de commentaires, ni dans un sens ni dans l'autre. Les mercredis, je vais souvent à la MJC avec d'autres élèves de ma classe. Beaucoup aiment bien les jeux de culture où il faut répondre vite. Moi, j'ai peur de me tromper, de dire une bêtise, alors je me tais. Ou quand je sais, je ne dégaine pas aussi vite que les autres. Quand il y a un karaoké, je chantonne à mi-voix et, comme la musique est super forte, personne ne m'entend, ouf ! Il n'y a pas longtemps, j'ai commencé à participer à un jeu vidéo en ligne pour remplacer une fille de mon quartier qui est malade. Celui qui a le jeu de base m'a envoyé un code, je me suis inscrite, et voilà, j'y étais ! Au début, c'était chouette, même si j'étais un peu stressée : avec mon équipe, je devais désamorcer une bombe avant qu'elle explose. Mais j'avais peur de faire des bêtises qui mettraient mon équipe en danger, alors je regardais les autres faire sans prendre d'initiatives. Le lendemain, la fille malade était rétablie, et les autres ne m'ont pas proposé de continuer à jouer avec eux. L'un d'eux m'a envoyé un texto pour me dire que, dans ce jeu, on ne pouvait pas rester à ne rien faire, que ça mettait tout le monde en difficulté. J'en ai pleuré. Mais toute ma vie est comme ça, non ? J'ai tellement peur de mal faire que je n'agis pas, comme s'il y avait un verrou quelque part à l'intérieur de moi que je n'arrivais pas à ouvrir…

L'explication

L'estime de soi est un enjeu de développement fondamental qui se construit dans l'enfance, plus ou moins facilement selon l'environnement. Cet enjeu est essentiel pour développer des capacités équilibrées : sentir sa valeur, prendre sa place parmi les autres, avoir confiance en soi et en ses compétences… Même s'il est incomplet, il est possible d'en prendre soin et de le réparer, et ce, toute la vie.

Pour compléter cet enjeu de développement qui permet de se sentir plus à l'aise dans sa vie, certains ingrédients sont nécessaires, comme le regard juste des adultes, en particulier celui du père ou de celui qui joue son rôle (la figure paternelle). Ce regard juste est un équilibre entre critique constructive et bienveillante, et valorisation. Si ce regard est absent, ou qu'il tend vers davantage de critiques négatives, ou encore s'il est beaucoup trop exigeant, cela va freiner le bon développement de l'enjeu.

Si tu as du mal à te donner de la valeur, que tu te dénigres, tu pourrais tendre vers un certain effacement; c'est ce que fait Maëlys dans la situation décrite. Elle a un blocage qui l'empêche de prendre des initiatives et d'avoir confiance en ses réponses lors d'un contrôle, elle va donc éviter de se faire remarquer.

L'antidote

Tes capacités sont bien présentes, mais elles sont en sommeil, car tu crains de mal faire si tu prends des initiatives. Les échecs font partie de l'apprentissage, et même de la réussite. Se sentir à l'aise avec l'échec, cela s'apprend. Toutefois, il y a des familles où cela n'est pas permis. Peut-être qu'en classe tu as l'impression que ça n'est pas vraiment admis non plus. Or un bébé, pour apprendre à marcher, tombe de nombreuses fois avant de faire un pas, ce sont toutes ses tentatives pour se relever qui le musclent, le tonifient, le mènent à son équilibre.

Se tromper, ne pas tout savoir, ne veut pas dire que tu es bête, sinon tout le monde le serait : l'échec est humain. Nous t'invitons à envisager de tenter des choses avec l'idée que ce que tu prends pour des échecs, ce sont en fin de compte des pas vers la réussite de ton ouverture aux autres et à la vie.

Commence par des petites choses qui te semblent réalisables. Cela peut être répondre à un « Bonjour ! », oser participer pleinement à une activité en acceptant la possibilité que, comme tout le monde, tu n’y seras peut-être pas au maximum de tes capacités, respirer à fond et prendre la parole en classe…

Nous t’invitons à poser cette belle intention : « J’ai envie de découvrir mon potentiel, à ma manière et à mon rythme. » Tu peux activer cette intention à tout moment, surtout quand tu tenteras des expériences.

Scène de vie 14

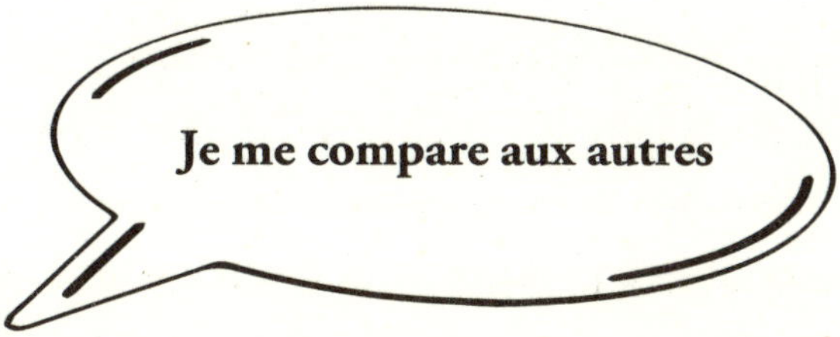

Dylan

La situation

Je regarde tout le temps les autres, surtout les garçons de mon âge, même si je ne les connais pas. Dans la rue, dans le bus, au sport, tout le temps ou presque, en somme ! Je les observe, je les écoute, je cherche à savoir comment ils sont… Je ne me comporte pas comme ça pour le plaisir. Au contraire, cette manie me rend nerveux, inquiet. Je me demande tout le temps si les autres sont plus beaux que moi, si leurs baskets sont plus chouettes, si les gens vont plus facilement vers eux que vers moi, je regarde comment ils marchent, comment ils se comportent… C'est plus fort que moi. Je compare sans arrêt ce que j'ai à ce qu'ont les autres, ce que je suis à ce qu'ils sont. Cela me gâche la vie : en cours ou quand je sors avec mes copains, au lieu de rigoler avec eux sans arrière-pensée, j'ai toujours quelque part dans la tête une sorte de double baromètre : soit je me trouve en dessous de telle personne, donc pas assez intelligent, pas assez grand, pas assez doué, pas assez drôle…, soit je trouve que je suis au-dessus, plus à l'aise, plus rapide à la course, plus musclé, plus remarqué par les filles, plus… quelque chose. Dans le second cas, je me sens rassuré, ça me fait du bien au moral, mais ça ne dure jamais. Très vite, je me reproche d'avoir besoin de rabaisser les autres pour me sentir bien. C'est pas cool. Je n'aimerais pas du tout que quelqu'un fasse la même chose avec moi. Qu'est-ce qui cloche ? Pourquoi cette manie de la comparaison ?

L'explication

La comparaison est un vrai poison. Cela abîme l'estime de soi. Ce type d'évaluation de ta valeur est à la fois injuste et inadéquat.

En effet, les autres personnes ne sont pas toi, elles sont donc forcément différentes de ce que tu es. Ça a l'air évident comme ça, mais ça veut dire que, si tu te compares, tu verras inévitablement des choses que les autres ont et que tu n'as pas, et inversement.

Cela veut aussi dire que, si tu fonctionnes de cette façon, tu rejettes une grande part de ce qui fait que tu es toi, de ce qui constitue ta singularité. Ce n'est pas en te comparant que tu vas pouvoir comprendre qui tu es, bien au contraire : sans le vouloir, tu ralentis le processus, car pendant que tu te compares, tu perds de vue ce qui te définit vraiment. Comme le Dylan de l'histoire ! Il est obnubilé par son double baromètre de la comparaison, selon lequel il se voit tantôt en dessous des autres, tantôt au-dessus : il s'évalue, mais jamais il ne s'apprécie, se satisfait ou se tolère. Il ne regarde jamais ce qui se passe en lui, avec son regard à lui, son appréciation personnelle.

Peut-être personne ne te regarde-t-il vraiment à la maison ? Peut-être as-tu l'impression d'être comparé aux autres par certains de tes proches ? Si c'est le cas, tu crois peut-être que tu dois continuer à faire cela avec toi-même. Ce n'est pas le cas. Au contraire, tu peux, si tu le veux, être la personne qui brisera la chaîne de la comparaison.

L'antidote

Nous te proposons de revenir vers toi afin d'apprivoiser ta singularité et de te diriger vers l'idée que tu es unique. Ta valeur ne se situe pas dans ce qui est similaire aux autres, dans ce que tu aurais en plus ou en moins par rapport à eux. Elle se situe dans l'appréciation que tu peux développer de tes propres caractéristiques.

En effet, plus tu vas regarder ce qui fait que tu es toi et apprécier ce que tu vois en toi, plus tu vas sentir ta valeur, et moins tu auras besoin de te comparer.

Nous te proposons de faire une liste de ce que tu penses avoir comme qualités et comme failles. Par exemple : « Je sais être dans la bienveillance », « Je m'intéresse à plein de choses », « J'ai de beaux yeux », « Ce n'est pas facile pour moi de dire ce que je ressens », ou encore « Je suis plutôt impulsif », « J'aime rire », « J'ai de l'humour », « Je suis gourmand », « J'aime faire de nouvelles expériences »... Prends ton temps pour établir cette liste, complète-la lorsque tu penses à de nouvelles choses et garde-la à portée de main pour y revenir quand tu en éprouves le besoin.

De temps en temps, relis-la et demande-toi ce que tu pourrais apprécier le plus dans cette liste, et avec lesquelles de tes particularités, que tu considères comme des failles, tu as envie d'être plus tolérant.

Regarder cette combinaison unique qui te constitue va petit à petit t'aider à sortir de la comparaison, te faire sentir plus finement ce qui fait de toi une personne unique, et peut-être prendras-tu plaisir à présenter au monde ta singularité.

Scène de vie 15

J'ai peur de tout

Fleur

La situation

Ma mère est infirmière, avec des horaires pas possibles, et nous vivons toutes les deux depuis que mes parents ont divorcé. Je suis fille unique. Quand j'étais petite, il y avait une nounou qui m'emmenait à l'école et qui venait me chercher, puis ça a été une baby-sitter. Un jour, elle n'a plus pu s'occuper de moi parce qu'elle partait faire ses études dans une autre ville. Ma mère n'a trouvé personne pour la remplacer, et l'habitude s'est installée : je suis vite restée toute seule à la maison pour faire mes devoirs et tout, jusqu'à ce que ma mère rentre de son travail. Je peux sortir avec mes copines à condition de ne pas rentrer trop tard. Souvent je mange seule, je fais mon repas ou je fais réchauffer ce que maman a préparé (quand elle a eu le temps de le faire). Elle me fait confiance, elle sait que je suis raisonnable, mais moi, je me sens seule, comme si j'avais grandi trop vite. J'aimerais bien m'appuyer sur quelqu'un, avoir des conseils, mais ma mère est souvent épuisée, je ne veux pas l'embêter avec toutes ces responsabilités qui me pèsent. Je ne sais pas si c'est à cause de ça mais, de plus en plus, j'ai peur de me tromper de sens quand je prends le bus, j'ai peur de passer le moindre examen, j'ai envie de préparer le code mais je crains de le rater… J'ai aussi peur de ne pas savoir ce que je ferai plus tard, je me demande si j'arriverai à trouver ma voie, et plus tard un travail…

L'explication

Être libre, pouvoir faire ce que tu veux, ça a l'air chouette comme ça. Mais à l'adolescence, même si parfois tu penses le contraire, tu as encore besoin que tes parents s'occupent de toi, prennent soin de toi, répondent à tes besoins, que ces besoins soient matériels, émotionnels, psychologiques, éducatifs, relationnels…

Trop de liberté peut mener à beaucoup d'anxiété. Si tu es dans ce cas, tu manques d'un cadre sécurisant, d'une base sur laquelle te reposer. Paradoxalement, tu aspires à plus d'autonomie, à plus de latitude dans tes décisions, et tu as tout autant besoin de repères, d'un cadre sain donné par tes parents, des adultes de référence, car tu n'as pas encore acquis toute ta capacité à déterminer tes limites. L'angoisse amenée par le «Je peureux» prend alors le relais et tente de te donner des informations pour t'inciter à faire attention. Mais ce n'est pas son rôle, il prend trop de place, et la peur, l'inquiétude t'envahissent.

Cet excès de liberté lié à l'angoisse qu'il comporte peut te donner l'impression que tu ne dois compter que sur toi pour faire toutes les choses du quotidien, et de la vie en général. Or, même quand on est adulte, on a besoin des autres. Par exemple, tu ne construis pas ton ordinateur, tu vas l'acheter ; tu ne produis pas ta nourriture, tu la choisis chez un commerçant… C'est ainsi dans tous les domaines de la vie : les humains sont des êtres sociaux, interdépendants. C'est d'ailleurs une magnifique capacité que de savoir demander de l'aide à certains moments.

Si tu penses que tu dois tout faire seul, voire réussir tout seul, cela te fait peur car tu as l'impression que tout dépend de toi. Cela met une pression énorme sur tes épaules. Une pression d'autant plus insoutenable que tu n'as pas encore toutes les clés pour te rassurer et calmer ta peur.

Alors, à force, cette tension envahit la moindre de tes actions et, dès que tu dois faire quelque chose d'important ou de nouveau, c'est encore pire.

L'antidote

Tout d'abord, sache que ce qui t'impressionne aujourd'hui pourra devenir tout à fait naturel demain, car plus tu grandis et plus tu développes de capacités. Par exemple, quand on a 4 ans, on a peur de traverser la route tout seul, alors qu'à 12 ans, on sait le faire en toute sécurité. C'est pareil pour tout un tas d'autres expériences, comme prendre un rendez-vous, rencontrer de nouvelles personnes, voyager en transports en commun, conduire...

Nous t'invitons à repenser à ce que tu as pu faire de nouveau auparavant, qui a peut-être d'abord été impressionnant pour toi et que maintenant tu fais facilement. Tu vas alors pouvoir vivre la prochaine expérience pour laquelle tu as des craintes aussi bien qu'une expérience passée.

En ce qui concerne les moments marquants tels qu'un examen, tu as le droit – et c'est même très sain – de demander de l'aide à tes proches, ou à toute personne en qui tu as confiance. Tu peux exprimer tes craintes et ton besoin d'être soutenu, cela te permettra de trouver des points d'appui et d'alléger ton anxiété, et ainsi aller de l'avant.

Tu peux aussi demander à tes parents des repères sur ce qu'il t'appartient de faire ou pas, leur exprimer que tu as besoin d'eux pour fixer de saines limites. Par exemple, si tu es très fatigué parce que tu es sur ta tablette jusque tard le soir, tu peux demander à tes parents de fixer une limite horaire, voire de te prendre ta tablette, pour t'aider à t'arrêter. Ton besoin d'être contenu, accompagné et soutenu est légitime et juste.

Scène de vie 16

Je suis trop bien pour ce monde, non ?

Cheick

La situation

Cet été, j'ai fait un petit boulot pour gagner un peu d'argent. J'aidais un maraîcher à vendre ses produits sur les marchés. Quand je vois les gens qui viennent acheter les légumes, j'ai du mal à ne pas m'énerver. Ils ne trouvent jamais leur porte-monnaie, ils bavardent ensemble de trucs inintéressants, du genre le temps qu'il fait ; en fait ils m'ennuient. Et le patron, il n'est pas très sympa. Un matin, je suis arrivé dix minutes en retard sur le marché, il me l'a reproché, il a même menacé de ne plus me donner de travail si ça arrivait une autre fois. C'est dingue ! Je suis en vacances, je bosse un peu, et il fait une maladie parce que j'étais fatigué et que j'ai eu du mal à me lever pour venir vendre ses tomates et ses navets. L'autre jeune qui bosse avec lui, il m'ignore carrément. Il fait comme si je n'existais pas. Ce n'est pas vraiment un signe d'ouverture d'esprit. Si ça se trouve, il est jaloux parce que je poursuis mes études et que lui a dû arrêter. Ça ne m'étonnerait pas qu'il ait ce genre de sentiment négatif sans oser me le dire en face.

J'étais plein de bonne volonté, et je n'ai récolté que des ennuis. Alors à quoi bon me fatiguer ? À l'avenir, je n'essaierai plus de trouver des petits boulots. Je préfère rester seul dans ma chambre, sans que personne m'ennuie. Un jour, ils verront de quoi je suis capable, tous, ils sont trop nuls, je ne vais pas me fatiguer pour eux, quand même !

L'explication

Il n'est pas facile de vivre dans la frustration. La tolérer est une compétence qui s'apprend. Chez certaines personnes, une trop grande frustration amène la croyance que tout est la faute des autres. Alors qu'à l'intérieur de toi, cette façon de ressentir découle de ton insécurité, vue de l'extérieur, elle peut être perçue comme de l'arrogance gratuite et produire des effets négatifs, dont il est important d'être conscient.

Être déçu de façon répétée par l'un de ses proches peut également provoquer de la frustration vis-à-vis de l'environnement en général : des promesses rarement tenues ou un parent qui quitte le foyer sans prendre son rôle parental à cœur peuvent produire cet effet.

Se sentir mieux ou plus fort, plus puissant, plus intelligent que les autres, c'est une façon de se protéger de ce qui a pu être difficile à vivre dans le passé. Croire que si le monde n'est pas d'accord avec soi, c'est parce qu'il n'a pas compris notre génie, c'est une manière inconsciente de s'arranger pour ne plus sentir que l'on n'est pas accueilli comme on est dans le regard de l'autre. Peut-être tes proches ont-ils été très critiques avec toi, peut-être as-tu souffert d'un parent exigeant ou d'une absence quasi totale de regard. Tu t'inventes alors une histoire dont tu serais le héros pour te rassurer, t'apaiser.

Toutefois, en réagissant ainsi, tu te coupes des liens que tu pourrais créer avec les autres, tu te replies sur toi. Tu fais de l'égotisme (cf. p. 48) dans sa polarité négative, car tu t'ouvres peu aux autres. Cette attitude peut t'amener à vivre beaucoup de solitude car tu te places seul tout en haut par rapport aux autres. Tu survis ainsi à ce qui te fait peur, mais tu ne vis rien de ce qui pourrait te faire profondément du bien.

L'antidote

Tu te trouves sans doute dans ce qu'on appelle la « grandiosité » : une forme d'estime de soi mal ajustée qui est une façon de se protéger, au moins pour un temps, à un moment de ta vie où tu te sens fragile. Elle ne peut cependant pas résoudre ton mal-être à long terme. Tu peux faire évoluer tes croyances pour trouver ta juste place dans le monde et t'y épanouir en sécurité. Oui, tu es une belle personne, mais ça n'est pas aux autres de te le révéler. Nous te proposons de te concentrer sur la réalisation de ce qui te tient à cœur : si tu es créatif, crée, si tu es sportif, dépense-toi…

De plus, dénigrer les autres te donne peut-être l'impression, sur le coup, d'être mieux que tout le monde. Mais tu te coupes de la découverte de ce qui peut être beau chez autrui et de ce que tu peux vivre d'agréable avec lui, ce qui t'amène à un sentiment de solitude. Si tu vis un moment positif avec quelqu'un, nous t'invitons à regarder ce moment, à le savourer, à le considérer comme un cadeau. Tu peux ainsi te créer une collection de fragments de partage, dans ta tête, par écrit, en dessin… et réaliser que l'échange d'égal à égal est possible, même très ponctuellement. S'il est possible, c'est donc que cette façon de faire peut s'étendre, progressivement, à d'autres situations de ta vie.

Nous t'invitons également à faire l'exercice de la page blanche : c'est comme gommer la première impression que te donne une personne ou un environnement, et en laisser venir une nouvelle perception.

Chapitre 4

L'espace partagé : moi et notre monde à nous, les ados

Scène de vie 17

J'ai du mal à me faire des amis

Lucas

La situation

J'aimerais bien me faire des amis, mais c'est comme si je n'avais pas le mode d'emploi. Je ne me sens pas à l'aise avec les autres. Je ne me trouve pas intéressant, j'ai l'impression que je n'ai pas les mêmes passions que les autres, et j'ai du mal à m'intéresser aux leurs, à me mêler à leurs conversations. J'envie leur aisance. Quand je les observe de loin, quand je les vois rire ensemble, j'ai tellement envie de faire pareil ! Mais impossible d'aller au contact. Je ne sais pas quoi dire !

Il y a un garçon qui me semble sympa dans mon immeuble, il a mon âge. Quand je le croise, j'aimerais bien engager la conversation avec lui, mais tout ce que j'arrive à faire, c'est murmurer un « Bonjour » si minuscule que je ne sais même pas s'il l'entend ! J'ai bien des scénarios en tête. Par exemple, la semaine dernière, il réparait son vélo devant l'entrée, j'avais envie de lui proposer mon aide, parce que j'ai l'habitude de bidouiller le mien, mais rien à faire, je n'ai pas osé. Qu'est-ce que je m'en suis voulu ensuite ! C'est une sorte de blocage, je n'y peux rien, j'ai trop peur d'être rejeté ou qu'on se moque de moi.

Il y a un mois, en sport, au moment de constituer les équipes de basket, un gars sympa m'a fait signe de venir dans la sienne. Je ne suis pas trop mauvais à ce sport mais pas très bon non plus. Alors je me suis dit qu'il devait bien m'aimer. Cela m'a fait super plaisir. On a joué, et ensuite, dans les vestiaires, il est venu bavarder avec moi. On a un peu parlé du match, et puis il a enchaîné sur un autre sujet, et c'est comme si je n'entendais plus rien ! Panique à bord, la peur de ne pas être à la hauteur m'a submergé. Pourquoi je suis comme ça ? Il faut toujours que je m'observe, que je me demande ce qu'il faut dire, et comment… Si seulement je pouvais rester naturel…

L'explication

Tu as peur d'aller vers les autres. On peut y voir deux raisons : l'impression de ne pas les comprendre, ou celle de ne pas savoir entrer en contact et de ne pas être intéressant. Cela t'amène à faire de la rétroflexion (cf. p. 49) : tu gardes en toi ce que tu aimerais dire aux autres, toutes tes tentatives de contact. Or, c'est légitime d'avoir envie de liens d'amitié, tout le monde en a besoin pour s'épanouir, cela fait vivre du bon à l'intérieur de soi.

Parfois, quand on ne se sent pas bien dans sa peau, il n'est pas facile d'être détendu dans sa rencontre avec l'autre. Si tu dénigres ta « mégalopole de la Personnalité » par exemple, si tu penses que tes idées, ce que tu aimes faire, tes valeurs n'ont pas d'intérêt, il sera moins simple de te détendre au contact des autres.

Comme on l'a vu dans le schéma de la frontière contact (cf. p. 44), une rencontre prend en compte deux Selfs : le tien et celui de l'autre. La personne que tu rencontres est donc différente de toi. En revanche, vous pouvez vous retrouver sur de nombreux points, comme des valeurs ou des intérêts communs (un sport, la musique, les animaux...).

Aller vers l'autre dans la curiosité et la bienveillance est une belle chose. Souvent, les autres apprécient l'intérêt qu'on leur porte, parfois non. Mais tu n'es pas responsable de la façon dont ils vivent ce qui arrive... Il peut arriver par exemple qu'une personne ne soit pas en forme à un moment donné et ait, comme toi, du mal à s'ouvrir à quelqu'un, pour des raisons qui lui sont propres. Dans ce cas de figure, ta frontière contact était ouverte, la sienne un peu moins. Cela crée une sensation de tension, sans que rien n'arrive « par ta faute ». À un autre moment, la même personne peut être plus détendue, là aussi pour des raisons qui lui appartiennent, et le moment partagé sera alors plus fluide.

L'autre est singulier, comme toi. Chacun l'est à sa manière. C'est pourquoi tu es attiré par certaines personnes et moins par d'autres, en fonction de ta sensibilité. Cela ne veut pas dire que tu doives remettre en question qui tu es si la rencontre ne se déroule pas comme tu l'espérais. Au contraire, ce que tu peux remettre en question, c'est ta propension à te dénigrer, à te juger : plus tu vas apprendre à te connaître et à apprécier des choses de toi, plus tu auras confiance dans ta capacité à aller vers les autres et à accepter qu'ils se trouvent dans tel ou tel état d'esprit. Et plus les autres auront envie de te connaître.

L'antidote

Dans cette situation, il est important que tu reviennes à toi, à ce qui se passe à l'intérieur de toi. Tu sembles ne pas sentir que tu pourrais intéresser les autres. Regarde la situation que nous t'avons présentée : par deux fois, Lucas aurait pu rentrer en contact, au sujet du vélo ou du sport. C'est ce qu'il pense de lui qui lui a joué des tours. Il se passe peut-être la même chose pour toi.

Nous te proposons de t'installer maintenant quelques instants dans ta mégalopole de la Personnalité. On pourrait imaginer que, dans le quartier des croyances, il y aurait l'idée que tu ne serais pas intéressant. Comment pourrais-tu transformer cette croyance ? Tu pourrais trouver une phrase antidote à cette pensée négative, par exemple : « J'ai de la valeur », « Qui je suis suffit pour me faire des amis »... À toi de trouver les mots qui sonnent juste pour toi et qui te font du bien.

Ce qui pourrait t'aider à trouver ta phrase, ce serait d'aller dans les autres quartiers de ta mégalopole de la Personnalité, d'en faire une carte. Qu'y a-t-il dans ton quartier des idées et des opinions ? Comment vois-tu le monde dans le quartier des intérêts et des passions ? Laisse-toi le temps d'explorer ce qui te plaît, tout est important. Tu peux aussi demander leur aide aux gens qui te connaissent et en qui tu as confiance : nous avons des « angles morts » qui nous empêchent de tout comprendre de notre propre fonctionnement; un regard extérieur peut nous y aider.

Quand tu auras une idée plus claire de ta personnalité avec cette carte que tu auras dessinée, nous te proposons de poser l'intention suivante : « Ce que j'ai décrit est important, a de la valeur. »

À partir de là, tu vas pouvoir trouver une belle phrase pour nettoyer ta croyance négative. L'idée, c'est que cette phrase t'accompagne dans tes rencontres : quand tu appréhendes d'aller au contact des autres, répète-toi cette jolie phrase, elle va petit à petit t'aider à t'apaiser. Tu peux aussi utiliser le principe de la page blanche : va vers l'autre sans écrire de scénario à l'avance, selon lequel ça va mal se passer ou que tu ne vas pas intéresser l'autre… Au contraire, imagine que tout est possible – même le meilleur ! – et avance avec curiosité.

En même temps, garde à l'esprit que les autres ont une façon de penser différente de la tienne. Ce que tu imagines qu'ils pensent est issu des croyances qui habitent dans le quartier des « croyances » de ta mégalopole de la Personnalité. Si tu as des croyances négatives sur ta capacité à te faire des amis, tu trouveras tout un imaginaire qui confirmera ce que tu penses, alors que dans la réalité, cette capacité existe bel et bien, tout simplement parce que ton envie de te lier est bien vivante. Ton envie d'aimer, d'apprécier, est la bienvenue dans la vie.

Scène de vie 18

J'ai été exclue de mon groupe de copines

Imany

La situation

Depuis deux ans, je traîne avec un groupe de copines, toujours le même. On s'entend bien, on rigole bien ensemble. Il y a une sorte de cheffe, Billie, elle est populaire et jolie, et on aimerait toutes lui ressembler, alors on a tendance à l'imiter. Il y a deux semaines, devant la grille de notre établissement, Billie m'a lancé, juste au moment de rentrer chez nous :

— Au fait, Imany, on ne traînera plus avec toi.

— Mais… pourquoi ?

Je n'ai pas eu le temps d'en dire plus : elle était déjà partie. Aucune trace des autres aux environs : elles s'étaient évaporées. Je suis rentrée à la maison très perturbée, comme si quelqu'un m'avait donné un gros coup sur la tête. J'ai essayé d'appeler Billie sur son portable mais je suis tombée directement sur sa messagerie.

Est-ce que j'ai fait quelque chose qui n'a pas plu à mes copines ? Dans ce cas, elles auraient pu me le dire ! Ou bien elles veulent me remplacer par une fille plus populaire que moi ? Ou bien il s'est passé un truc que j'ignore ? J'ai beau fouiller dans ma mémoire, je ne trouve rien d'anormal, aucun signe avant-coureur de cette exclusion brutale. Et si j'avais mal compris ce qu'elle m'a dit ? Mais non, j'ai bien entendu « on ne traînera plus avec toi ».

Cette nuit-là, je n'ai dormi que quelques heures. Ma mère a bien vu que quelque chose clochait, mais je n'ai rien voulu lui dire. Je me sens honteuse, comme si l'exclusion était de ma faute.

Au matin, je suis allée en cours avec le vague espoir que tout ça n'était qu'un cauchemar. Mais non. Ni Billie ni aucune des filles du groupe ne m'ont dit bonjour. À la cantine, elles se sont installées à une table où il n'y avait pas une seule place libre. Pendant les pauses, elles me tournent le dos, où que je sois. Mais qu'est-ce que j'ai fait ? Depuis, j'ai une boule dans le ventre.

J'ai décidé de réagir en me tournant vers un groupe de garçons que j'aime bien. On joue au foot et au basket ensemble. Mais ce n'est pas pareil. Et, surtout, je ne comprends toujours pas ce qui s'est passé. Je crois que je ne comprendrai jamais : elles m'évitent systématiquement, m'ont bloquée sur les réseaux sociaux et sur leurs numéros de smartphone. Pourquoi ?

L'explication

Quelle injustice ! Une personne que tu croyais être ton amie décide que tu ne feras plus partie du quotidien de votre groupe. Et les autres membres de ce groupe ne te soutiennent pas. Rien ne justifie cet acte, c'est pourquoi tu peux ressentir à juste titre de l'incompréhension, de l'injustice et même du rejet.

Un tel événement peut créer une blessure profonde en toi, surtout si elle s'ajoute à d'autres expériences qui t'avaient déjà fait ressentir ce même type de sentiments douloureux.

Tu es victime du comportement de cette personne qui se disait ton amie, et ça n'est pas facile d'accepter qu'il puisse t'arriver une telle chose. Alors te demander si tu y es pour quelque chose te donne l'impression d'avoir du pouvoir sur la situation. Cela dit, si jamais tu entrevois une raison à ce comportement, tu peux essayer d'aller au contact, demander s'il s'agit d'un mot que tu aurais prononcé ou d'un acte maladroit de ta part – même si une maladresse ne justifie en rien une exclusion. Et si tu n'obtiens pas de réponse, n'en tire pas de conclusion qui te ferait te retourner contre toi-même.

Il n'est pas ajusté que tu remettes ta personne en question, car les responsables sont, d'une part, la personne qui a pris la décision de t'exclure, d'autre part, celles qui n'ont rien dit ou fait pour empêcher cela.

Le Self de chacun est différent, et ce qui s'y passe aussi. Pour tout un tas de raisons qui lui sont personnelles, l'autre agit parfois sans que l'on comprenne les motifs de ses faits et gestes. Parfois, quand une personne souffre, elle fait souffrir à son tour. Cela n'excuse en rien son comportement, mais peut constituer un début d'explication.

Peut-être que la personne qui a provoqué l'exclusion a défléchi (cf. p. 48) avec toi, c'est-à-dire qu'elle a envie de se libérer de quelqu'un, d'une situation. Elle souffre, elle est déçue, en colère, elle s'imagine ou pense qu'il est impossible de s'en prendre à la personne concernée, peut-être un adulte. Alors, elle défléchit et décide d'évincer quelqu'un d'autre. Encore une fois, ce comportement n'est pas juste pour toi. Un début d'explication peut simplement te permettre d'envisager qu'il ne s'agit pas vraiment de toi, que ce n'est pas ta faute.

L'antidote

Ici, l'antidote sera le temps : le temps de laisser cicatriser cette plaie causée par l'événement difficile que tu as vécu. Petit à petit, ton cœur va s'apaiser. En attendant, tu peux décharger ce qui te pèse dans un cahier prévu à cet effet, ou en parler à une personne qui saura prendre la mesure de ce que tu vis et de la douleur que tu ressens, teintée d'émotions telles que la tristesse, la colère, l'impuissance. Expérimente la saine déflexion : comme il est complexe d'en parler à la personne concernée, tu peux aller délivrer ton cœur auprès d'une oreille attentive et bienveillante.

Rappelle-toi : dans cette situation, tu n'es pas responsable. Ta personne, qui tu es, n'y est pour rien. Tu mérites de vivre une amitié sincère et respectueuse. Toutes les relations amicales ne sont pas destinées à finir ainsi. Un tel lien se construit dans la durée. S'il arrive, pour une raison ou pour une autre, que ça ne tienne pas, d'autres fois en revanche, cela dure toute la vie. Cela t'arrivera, si c'est ce que tu veux, et tu as tout le temps dont tu as besoin pour ça.

D'ailleurs, cette situation d'exclusion peut être l'occasion de laisser place à une autre amitié, plus authentique. L'espace est libre, il peut y émerger ce que tu as envie de vivre dans une relation vraiment respectueuse.

Nous t'invitons à noter sur une feuille de papier, que tu pourras garder à portée de main, ce que tu veux vivre avec ta prochaine nouvelle amie, ou ton prochain nouvel ami. Cela peut être plus de douceur, une communication claire, une égalité entre toi et l'autre personne, un respect mutuel… Ce ne sont que des pistes. Note ce qui est important pour toi, en fonction de ton vécu, de ta façon d'être…

Scène de vie 19

> **Je crois que je n'aime plus mes parents**

Nathan

La situation

Mes parents m'ont poussé à prendre des options scientifiques, alors que je suis plus attiré par ce qui se passe dans la société. Mais ils affirment que j'aurai plus de chances de faire de bonnes études et de trouver un travail en choisissant ce genre d'orientation. Peut-être parce que, eux, ils n'ont pas pu faire le métier dont ils rêvaient ? Ou parce qu'ils ont peur que je me retrouve au chômage plus tard, comme eux l'ont vécu il y a quelques années ? Je me suis laissé faire, mais j'ai du mal à m'intéresser vraiment aux cours. Mes notes ont un peu baissé. Et là, c'est quasiment devenu la guerre à la maison ! Mes parents ne me parlent plus que de mes résultats, chaque jour ils veulent savoir si j'ai eu des notes. Ils ne me demandent jamais comment s'est passée ma journée, si je me sens bien… Je ne me résume pas à mes résultats scolaires ! Ma mère a travaillé dur pour obtenir un emploi où elle gagne sa vie correctement. Mon père galère plus. Et surtout, je sens qu'ils sont inquiets pour mon avenir. Mais ils ne me regardent plus, moi. Alors je n'ose plus parler de moi, je m'enferme dans ma chambre dès que je peux. Petit à petit, une distance se creuse. On ne se parle plus pour de vrai. On ne rit jamais ensemble. Ils sont autoritaires et puis voilà. Moi, j'ai envie d'être heureux, pas de trouver la sécurité à tout prix, je suis trop jeune pour ça ! On ne se comprend plus. Je m'éloigne, j'ai presque l'impression d'habiter chez des étrangers en attendant de pouvoir m'en aller vivre ma vie à moi. Est-ce que je ne les aime plus ?

L'explication

Il peut t'arriver de confondre amour inconditionnel et soutien conditionnel. L'amour inconditionnel, c'est : « Je t'aime comme tu es, même si je ne suis pas d'accord avec certains de tes comportements. Tu n'as pas besoin de faire quoi que ce soit pour que je te porte cet amour. » Le soutien conditionnel, c'est : « Je t'aime, et là, je ne suis pas d'accord avec tes actes. » Le soutien permet de poser de saines limites, qui rassurent, donnent un cadre. Mais ce cadre, même s'il est posé de manière juste, peut être mal interprété. Tes parents, à un moment de ta vie, en particulier à l'adolescence, peuvent te donner l'impression qu'ils sont contre toi, qu'ils ne te comprennent pas, ou encore qu'ils ne te prennent pas au sérieux. Si leur comportement ne te convient pas, tu ressens peut-être un décalage dont tu ne sais pas quoi faire. Toutefois, l'amour, lui, continue d'exister, même si on n'est pas d'accord sur tout.

La quête de ton identité peut t'amener à te détourner de tes parents pendant un temps, car contredire leur avis te donne l'impression de t'affirmer. Pourtant, être « contre », ce n'est pas trouver sa propre voie, c'est continuer à être dans la dépendance, autrement. Toi, ce que tu recherches, c'est une voie qui te ressemble.

Tu es aussi en quête de plus de liberté et tu ressens comme une contrainte cette dépendance qui te lie à tes parents. À ton âge, elle est encore nécessaire, même si tu as l'impression du contraire. Toutefois, si les parents mettent trop en avant leur autorité, comme pour Nathan dans la situation ci-dessus, il y a trop de contraintes. Tu as alors l'impression de ne pas pouvoir partager autant que tu le souhaiterais et cela a tendance à créer un sentiment d'éloignement.

L'antidote

Ça nous arrive de nous sentir en décalage par rapport à nos proches pendant un temps, de moins ressentir le lien qui nous unit. Celui-ci est peut-être moins perceptible, mais il est bel et bien là. Il est comme un élastique ultra-extensible et incassable : quand on s'éloigne, il s'étire et devient extrêmement fin, on le voit à peine, mais il existe.

Nous t'invitons à faire un exercice de temps en temps : te mettre au plus clair avec tes sentiments. Un exemple : parfois tu peux avoir l'impression de détester tes parents mais, après coup, si tu prends un instant pour te demander ce que tu ressens vraiment, ça peut être « Leur comportement me met très en colère » ou « Quand ils me parlent comme ça, je me sens blessé ». Tu vis toujours ton émotion bien sûr, et c'est important. La différence, c'est que tu es plus authentique avec ce qui se passe dans ton cœur, tu ne remets pas en question l'amour que tu portes à tes parents.

Scène de vie 20

J'aimerais qu'on prenne mon angoisse au sérieux

Manon

La situation

Chaque fois que j'ai un travail écrit en classe ou que je passe un examen, c'est la même chose : j'ai mal au ventre plusieurs jours avant, une boule dans la gorge, je me dis que je ne vais pas y arriver, j'ai l'impression de ne plus rien savoir du tout. Quel stress de folie ! Et puis le jour J, à la dernière minute, je retrouve mes moyens, et au final j'ai une bonne note. C'est pareil pour le passage en classe supérieure : je suis chaque fois dans les premiers de la classe alors que je trouve qu'il y a plein de gens plus intelligents et brillants que moi, j'ai les félicitations du conseil de classe et je passe sans problème au niveau supérieur. Ça a toujours été comme ça. J'ai l'impression qu'un jour, quelqu'un va découvrir qu'en vrai je ne suis pas à la hauteur, que je suis nulle, mais jusque-là, ce n'est jamais arrivé. La dernière fois que j'ai parlé de mes inquiétudes à une amie, elle a ouvert de grands yeux surpris et m'a dit :

— Toi, tu t'inquiètes avant les devoirs, alors que tu es quasiment la meilleure de la classe ?

Je n'ai pas su quoi répondre. Elle a rigolé et on a parlé d'autre chose. Dans ma famille, c'est pareil, tout le monde me dit « J'ai confiance en toi », « Tu y arrives toujours, de toute façon », « Pourquoi tu stresses comme ça ? ». Personne ne comprend que je sois inquiète, pas sûre de moi. Pourtant, ça me ferait tellement de bien que quelqu'un m'écoute enfin !

L'explication

Dans une famille, même aimante, il peut arriver que les failles ne soient pas admises dans la relation. Chacun garde ses difficultés pour soi. Dans ce cas, quand tu cherches à exprimer les tiennes, on écourte, plus ou moins en douceur, ta tentative de communiquer. Puisque tout semble aller bien pour toi, au niveau du réel, tes émotions difficiles ne sont pas prises au sérieux. Tu ne te sens pas entendu.

Alors, à force, tu apprends à « être fort », tu gardes tout à l'intérieur de toi. Puisque tu n'exprimes pas – ou plus – tes doutes, tes peurs, tes difficultés, tout le monde pense que, pour toi, ça roule, alors qu'en fait ton ambiance interne est hostile, ou en tout cas loin d'être sereine.

Tous croient donc que, parce que tu réussis extérieurement, dans tes études par exemple, c'est facile pour toi ; ou qu'à l'inverse, si tu échoues, c'est que tu n'as pas fait assez d'efforts. Ça s'arrête là, on ne va pas chercher plus loin. Ça te fait du mal, tu ressens de la solitude en lien avec toutes tes pensées et émotions désagréables qui tournent en boucle sans que tu saches ni à qui ni comment les confier pour te soulager.

Cette solitude t'amène à vouloir sentir que les autres s'inquiètent pour toi. Mais si dans ta famille, on cache ou on minimise ce que l'on ressent, il est difficile pour toi de savoir ce qui se passe en chacun de ceux qui t'entourent. Peut-être tes proches s'inquiètent-ils pour toi sans te le dire… Peut-être aussi n'est-ce pas de l'inquiétude, mais de l'intérêt, et qu'ils ne savent pas comment te l'exprimer.

L'antidote

Tu as raison d'avoir envie que l'on écoute ce que tu ressens, c'est un besoin fondamental qui mérite d'être respecté.

Nous te proposons de pratiquer la communication consciente, telle que nous te l'avons décrite dans le chapitre 2, pages 52 et 53, pour exprimer au mieux le message que tu veux faire passer. Nous te rappelons qu'elle se décline en trois étapes. Pour les illustrer, prenons l'exemple concret de Manon, la jeune fille de la situation ci-dessus, qui parlerait à ses parents de ses ressentis.

Étape 1 : décris les faits. Ici, tu ne parles que de ce qui se passe concrètement. Par exemple, pour Manon : « Quand je vous parle de mon stress avant un examen, du fait que je n'arrive pas à avoir confiance, vous me dites que ce n'est pas un problème pour moi car je réussis toujours ce que j'entreprends. »

Étape 2 : exprime ton ressenti. Là tu dis « je » (et non « tu ») et tu parles de tout ce que tu ressens à propos de ce que tu as énoncé dans l'étape 1. Par exemple, pour Manon : « Dans ces conditions, je ne me sens pas écoutée, je me sens seule avec mon inquiétude ; j'ai l'impression de ne pas avoir le droit d'être stressée. » Décris le plus précisément possible ce qui se passe dans ton cœur. Pour t'aider, tu peux consulter la liste des émotions à la fin de ce livre, page 284.

Étape 3 : ta demande. Dans cette troisième étape de la communication consciente, tu décris ce dont tu as besoin, ce que tu aimerais. Par exemple, pour Manon : « J'ai besoin/J'aimerais que vous m'écoutiez vraiment quand je partage avec vous des sentiments qui ne sont pas faciles à vivre pour moi. »

Prends le temps d'écrire ces différentes étapes avant de les exprimer à la personne de ton choix. Tu peux ensuite les lui dire ou encore lui faire lire ce que tu as écrit. Cette façon de communiquer fonctionne pour les parents, mais aussi pour les amis et les amours. Elle permet d'exprimer tes besoins au plus près de ce que tu vis, sans que l'autre se sente accusé. C'est très précieux et souvent bien reçu.

Scène de vie 21

Je suis hypersensible à la critique

Médim

La situation

Dans mon groupe de copains, ils adorent tous se lancer des vannes ; tous, sauf moi. Ce sont des vannes qui piquent, des vannes mordantes, une sorte de joute verbale où on est censé rigoler quand quelqu'un vous balance une méchanceté, et répondre sur le même ton, du tac au tac. Moi, je n'ai pas le sens de la repartie, et puis surtout, ça ne me fait pas rire, au fond, même si je fais semblant de m'amuser autant qu'eux. Pourquoi est-ce qu'il faudrait faire croire que ça n'atteint pas, qu'on n'a pas d'émotions, ou qu'on est le plus fort ?

En classe, on s'envoie des petits mots, quand le prof ne regarde pas. Hier, j'en ai reçu un où était écrit : « Ce matin, il fait moche comme toi. » J'étais hyper vexé ! J'ai quand même répondu sur le ton de la plaisanterie : « T'as pas vu ta tête, Frankenstein », et j'ai balancé mon papier. À la cantine, Fred a dit à Louis :

— Arrête de manger des frites, t'es gros comme une vache.

— Et toi, t'es plus énorme qu'un cochon, a rétorqué Louis en riant.

Il riait alors que l'autre l'avait traité de gros. C'est dingue. Un peu plus tard, il y en a un qui a affirmé :

— Je suis sûr que vous êtes toujours puceaux, les gars. Ce n'est pas vrai ?

— Et toi, a répondu un autre, t'es un tombeur, peut-être ? T'as vu ta tronche ? Comment tu veux qu'une fille ait un crush sur toi ?

— Vous voulez que je vous montre ?

Mais il n'a rien montré du tout, et on est passés à un autre sujet.

À force, j'ai l'impression d'être nul. Le regard des autres ne me renvoie que des avis négatifs sur mon physique, mes notes, tout ce que je fais. Et quand j'essaie de le dire, on me répond que je suis susceptible. C'est vrai ? Le problème, c'est moi ? Parfois, mes parents me donnent des conseils, et je prends ça pour des critiques aussi. Dans ma tête, ça fait comme si je n'étais capable de rien de bien.

L'explication

Une critique est fondée lorsqu'elle est constructive et bienveillante : elle parle alors d'une compétence que tu peux peaufiner car ton interlocuteur t'en sent capable. Elle te donne des pistes pour améliorer tel ou tel de tes comportements, ou une de tes aptitudes (par exemple, comment t'y prendre pour réparer ton vélo, pour apprendre une leçon difficile, pour trouver des vacances qui te plaisent...). Tes parents te donnent des conseils pour tes choix d'avenir par exemple, tes professeurs te disent que tu peux faire mieux dans leur matière : il est important d'accueillir ces critiques constructives qui respectent qui tu es et ont pour but d'améliorer quelque chose dans le domaine du faire. Si c'est difficile pour toi, cela veut sans doute dire que ton estime de soi est fragile, et que tu as aussi besoin de retours encourageants sur ce que tu fais très bien.

En revanche, une critique sur toi, sur ta personne, te fait mal car elle n'est pas constructive. C'est plutôt un jugement, une pique comme on dit dans le langage courant. Elle vise à te blesser, plus ou moins consciemment, même si c'est dit en riant.

Pour ce qui est de l'humour, savoir rire de soi de manière ajustée peut être le signe d'une bonne estime de soi. Mais quand tu sens qu'il y a de l'excès, que l'humour cache une ironie mordante, il s'agit d'autre chose. La personne qui se moque se place dans un rapport de force. Et dans ton cœur, tu ressens une attaque.

Certaines personnes sont grisées par le combat et s'y complaisent tandis que d'autres ne sont pas attirées par cette forme de communication proche de l'agressivité ; elles la rejettent, voire en ont peur.

À ton âge, l'estime de soi est encore en construction, et tout ce que tu vis la forge petit à petit. C'est un enjeu de développement qui demande certains ingrédients pour se déployer correctement, comme être valorisé par son père ou par une figure paternelle, être accompagné dans un échec et dans ses failles avec bienveillance. Si tu ne disposes pas de ces ingrédients, cela crée un déséquilibre, une hypersensibilité douloureuse, car tu vis trop souvent l'expérience de la critique.

L'antidote

Ce n'est pas facile de te sentir attaqué par des critiques gratuites qui te touchent, souvent te blessent, c'est éprouvant. Il est possible de prendre soin de toi en régulant ta frontière contact, en choisissant l'égotisme (cf. p. 48) ; tu peux aussi imaginer que les mots passent à côté mais ne rentrent pas dans ton Self, ils frôlent la frontière et restent à l'extérieur.

Souviens-toi, au début de ce chapitre, nous avons vu que la frontière contact est ce qui entoure ton Self, c'est-à-dire toi. Et lors d'une interaction avec une personne, tu peux choisir de la maintenir ouverte pour laisser entrer ce que te dit l'autre, en particulier si cette personne exprime plutôt des critiques constructives et bienveillantes, qui vont t'aider à améliorer des éléments de ta vie. Par contre, avec d'autres, des proches dont les critiques sont négatives et blessantes, tu peux imaginer que tu fermes complètement cette frontière contact : elle devient hermétique, plus rien ne rentre, ce qui est dit passe à côté de toi et ne te touche donc pas, ou moins.

Tu peux visualiser cette frontière contact, tout autour de toi, comme une bulle protectrice, et en faire un superpouvoir qui prend soin de toi. Tu peux aussi choisir de l'ouvrir plus ou moins, par exemple avec un ami que tu apprécies beaucoup et qui a la vanne facile. Quand il a décidé de se lancer dans ce type d'humour et que ce n'est pas confortable pour toi, tu peux imaginer que tu fermes pour un temps ta frontière contact : ce que dit ton ami n'entre pas, ses mots restent à l'extérieur. Et quand ton ami est dans un autre registre, tu peux rouvrir doucement ta frontière.

Scène de vie 22

Je n'ose pas lui dire que je suis amoureuse de lui

Inès

La situation

La première fois que j'ai vu ce garçon, au conservatoire, mon cœur a fait un bond dans ma poitrine. Il a à peu près mon âge, j'ai tout de suite adoré ses traits fins, ses yeux noirs, son parfum, son air rêveur… Il avait un étui à guitare en bandoulière, ce n'était pas très difficile de savoir où il allait. Moi, je fais du piano. Donc on ne sera jamais dans le même cours. Ni dans le même orchestre, sans doute. Mais au moins nos horaires concordent le mercredi après-midi. Je ne l'ai jamais aperçu au conservatoire l'an dernier, ni dans mon bahut, donc il doit être nouveau, et dans un autre collège ou lycée, mais lequel ? Vers 17 heures, je l'ai revu dans le couloir. Il ne m'a même pas remarquée. Comme si j'étais transparente. Je l'ai suivi à bonne distance, il est sorti dans la rue et a attendu le bus… La même ligne que moi ! On est montés, l'un après l'autre, dans la file des passagers. Il est resté debout pendant le trajet, les yeux dans le vague, se retenant à une barre métallique. J'ai vu mon arrêt approcher, lui était toujours immobile, alors je ne suis pas descendue, j'ai continué. Il est sorti deux arrêts plus tard. Moi aussi… sur un coup de tête. Je l'ai regardé s'éloigner dans la rue, et j'ai repris le bus dans l'autre sens pour rentrer chez moi.

Toute la semaine, j'ai rêvé de lui. La nuit, même les yeux ouverts. Je ne pensais plus qu'à une chose : être au mercredi suivant pour le revoir.

Ce jour est enfin arrivé. Je suis descendue de chez moi un peu en avance, en priant pour qu'on soit dans le même bus. *Yes!* Il était là, je l'ai vu par la vitre, je suis vite montée. Mes partitions sont dans mon sac à dos, je n'ai donc aucun signe extérieur montrant que j'adore la musique. Impossible de trimbaler mon piano ! Pourtant, ça aurait été une bonne entrée en matière pour lui adresser la parole, ha ha ! Et si je me mettais à la guitare ? Mais non, on ne serait toujours pas dans le même cours, je serais débutante, et puis ce que j'aime, c'est le piano. Bon, il va peut-être finir par réaliser que j'existe ? Il est trop beau, il a l'air gentil, intelligent, de savoir ce qu'il veut dans la vie. Et son parfum… il sent si bon ! Je me demande quelle marque c'est… Je pourrais lui en offrir un flacon le jour de la Saint-Valentin ? Non, ce serait ridicule, et puis la Saint-Valentin, c'est dans cinq mois, autant dire une éternité. Il me semble inaccessible… On ne se connaît pas, pourtant je me sens totalement amoureuse de lui.

L'explication

Être amoureux de quelqu'un que tu ne connais pas, c'est d'abord comprendre que ce sentiment s'établit dans ton cœur à toi, dans ton Self à toi. Cette personne que tu aimes peut tout à fait t'aimer en retour un jour mais, le plus souvent, elle ne va pas se douter de ce qui se joue en toi, elle n'est donc pas au même stade émotionnel que toi.

Il peut arriver aussi que tu projettes (cf. p. 47) sur une personne que tu connais des qualités que tu aimerais retrouver chez quelqu'un qui t'aimerait et que tu aimerais.

Si c'est une personne avec qui tu es dans une relation d'amitié et que tes sentiments ont évolué, là, c'est un peu différent, car elle te connaît. Néanmoins, cela reste la même logique : pour elle, vous êtes liés par de l'amitié. Si tu te déclares, elle peut avoir besoin de temps pour réfléchir et peut-être ne se dirigera-t-elle pas vers le même sentiment que toi.

Peut-être n'aura-t-elle pas envie de changer la nature amicale de votre relation.

Ce qui est essentiel ici, c'est que nous parlons de sentiments. Ils sont différents pour chacun et ne se contrôlent pas. Si c'est réciproque, une relation amoureuse est possible. Si ça ne l'est pas, c'est que soit il faut du temps à l'autre, soit il ne veut pas de ce type de relation. Cela ne remet pas en cause le fait que tu es une personne aimable.

L'antidote

Si l'être aimé ne te connaît pas encore, le mieux est d'entrer en contact en douceur, simplement en allant vers lui pour dire bonjour, échanger sur ce que vous avez en commun, c'est-à-dire le collège ou le lycée, la musique comme pour Inès…

Lui ou elle, n'étant pas au même stade que toi, a besoin que tu lui laisses le temps de te connaître. Et tu as besoin de ce temps aussi pour regarder cette personne dans le réel : est-elle comme tu l'as imaginée ? Ce qui est différent de ton rêve te convient-il ?

Se déclarer, c'est prendre le risque que l'autre ne réagisse pas comme on l'espère. Garde cela en tête car il est important de respecter ce qui se passe pour l'autre. Si, pour toi, ce qui compte le plus est d'aller au contact pour ouvrir la possibilité d'un élan amoureux partagé, tu peux aller vers l'autre, une jolie histoire peut éclore. Dans le cas contraire, tu sauras de quoi il retourne et, même si c'est difficile et long à accepter, tu auras libéré dans ton cœur un espace qui pourra laisser émerger un nouvel amour ou peut-être une nouvelle aspiration.

Scène de vie 23

Je ne sais pas dire non

Timothée

La situation

Je suis plutôt bon en français, alors de temps en temps, un garçon ou une fille de la classe me demande une explication, un coup de main… Ça me fait toujours plaisir d'aider, alors je dis «oui». Il y a peu, une fille m'a dit qu'elle ne comprenait rien au sujet, et puis sa mère est malade et je ne sais quoi… J'ai fait son devoir presque en entier, parce que son début était tout petit et un peu léger.

J'ai un pote qui ose plein de trucs et me lance des défis. En gros, il veut que je fasse des bêtises avec lui. J'ai un peu hésité, je sentais que ça ne me plaisait pas, et puis j'ai fini par voler des bonbons avec lui dans un supermarché. Il est ressorti de là rigolard, et moi tout pâle. J'espère qu'il ne va pas me proposer de recommencer, je serais capable d'accepter à nouveau. Du coup, j'essaie de l'éviter, pour que l'occasion ne se représente pas.

Il y a une fille qui me plaît bien. Je crois que je lui plais bien aussi. On se parle de temps en temps. Je la trouve jolie, drôle, je crois qu'elle séduit pas mal de garçons. Aussi, je n'ai pas été très surpris quand un type d'une autre classe m'a glissé : « Tu peux lui dire que j'ai un *crush* sur elle ? » Et voilà, c'est reparti. J'ai transmis le message, moi qui rêve de lui dire ces mots-là... pour moi ! Elle m'a regardé d'un drôle d'air, je sens bien que c'est moi qu'elle préfère, mais j'étais tétanisé. J'ai envie que les autres soient heureux, qu'ils me trouvent sympa. Alors tant pis si je n'écoute pas mon cœur, si je travaille pour les autres, ce n'est pas si grave...

L'explication

Exprimer de saines limites est une capacité que l'on développe au travers du parcours de l'enjeu de l'estime de soi. Si tu ne sais pas dire « non », c'est que cette faculté est en sommeil à l'intérieur de toi.

Tu ne sens pas tes limites, tu culpabilises si tu refuses quelque chose à quelqu'un qui te fait une demande. Tu penses que si tu exprimes ton désaccord, ton refus, ta non-envie, ou encore une impossibilité, tu vas être jugé, tu auras moins de valeur aux yeux des autres.

Cela peut aussi être une question d'attachement : tu te dis que si tu ne vas pas dans le sens de l'autre, il t'aimera moins, voire plus du tout.

Alors, pour ces raisons que tu te donnes, tu te plies en quatre pour les autres, tu t'oublies presque, tes besoins et tes envies passent au second plan. Tu fais de la confluence (cf. p. 47) en te fondant dans les besoins de l'autre : ils peuvent même passer en priorité, au détriment des tiens.

Il peut arriver que certains profitent de cette faille et te demandent de faire des choses à leur place, des choses hors cadre ou même dangereuses. Cela t'amène à vivre de la peur, de la tristesse, de la colère, de la contrainte… Peut-être as-tu l'impression d'être utilisé ?

Dans ces conditions, tu sens ta propre valeur baisser, ton amour-propre, ton intégrité semblent s'abîmer. C'est ton impression car, dans les faits, ta valeur est bien là, mais tu ne la perçois pas. Tu penses que ce sont les autres qui te l'octroient. Or, c'est toi qui leur donnes ce pouvoir, sans t'en rendre compte.

L'antidote

Dire non, c'est exprimer qui tu es, c'est assumer ce qui caractérise ta singularité, car tu t'extrais du bon vouloir de l'autre. Tu n'es pas comme lui, tu n'as pas les mêmes envies, les mêmes besoins. C'est sain de dire ses limites ; en aucun cas tu ne perdras en importance ou en véritable amour si tu les exprimes.

Lorsque tu penses « non » mais que tu n'oses pas le dire, souviens-toi de ce qui se joue en toi. Pourquoi est-ce que je dirais « oui » ? Qu'est-ce que je veux obtenir en acceptant de faire quelque chose, alors qu'au fond de moi, je sais que je ne le veux pas ? De l'amour ? Un regard approbateur ?

Tu peux aussi t'aider du cycle de Zinker (cf. p. 53) : que disent tes sensations ? As-tu envie ou pas ? Dire « non », c'est se désengager. Peut-être as-tu peur de perdre le contact avec la personne à qui tu as du mal à dire « non » ?

Entraîne-toi à dire « non » pour de petites choses à des personnes que tu connais bien, avec qui tu te sens en sécurité. Petit à petit, tu vas expérimenter que c'est possible, et que ça te fait même du bien. Tu auras la surprise de constater que ton refus est accepté, qu'il peut être considéré comme légitime, naturel.

Pour t'accompagner dans cet exercice, nous te proposons une phrase encourageante et apaisante que tu peux inscrire dans un cahier, et surtout te répéter quand tu te sens fragile : « Quand je dis "non", ma valeur et l'amour de l'autre restent intacts. »

Scène de vie 24

Mes parents préfèrent mon frère

Chloé

La situation

Je suis sensible au moindre changement d'atmosphère, aux intonations de voix, aux façons dont les gens se traitent et se regardent, me traitent et me regardent… Mais je garde tout cela en moi, parce que je sens que je ne suis pas comme il faudrait que je sois, surtout dans ma famille. Mes parents et mon frère sont des battants. Alors logiquement, ils se comprennent facilement, tous les trois. Ils sont sur la même longueur d'onde. Mon père a suivi de longues études et s'est battu pour construire la vie qu'il voulait. D'ailleurs, il le raconte à tous ceux qui veulent bien l'entendre. Ma mère vient d'une famille modeste, elle a travaillé dur, elle aussi, pour accéder au métier qui lui faisait envie. Mon frère Benoît, lui, est très fort au foot; il a été remarqué par des entraîneurs, et il semble qu'il puisse faire une belle carrière dans ce domaine. Mon père l'emmène aux matchs, qui ont souvent lieu un peu loin d'où on habite : il reste avec lui parfois des week-ends entiers, tandis que ma mère fait toutes ses activités. Et quand Benoît rentre, ma mère lui demande comment ça s'est passé, si son équipe a gagné… Aucun de mes deux parents ne s'occupe beaucoup de moi. Parfois, je me cache dans la salle de bains pour pleurer car, si je m'effondre devant eux, ils ne comprendront pas ce qui m'arrive. De quoi est-ce que je me plains ? Tout va bien, selon eux. Benoît voit bien que parfois j'ai les yeux rouges. Il me conseille : « Si tu veux réussir dans la vie, Chloé, il faut que tu sois plus forte. Que tu te blindes. Comme moi. Comme les parents. » « Fais comme ton frère, donne-toi à fond dans une activité ! » me conseille parfois ma mère. Ce que je voudrais, c'est qu'elle me prenne dans ses bras et me dise qu'elle m'aime, mais ce n'est pas son genre, elle dit que c'est de la sensiblerie, mon père pareil. Je ne me sens pas comprise. Je ne corresponds pas au modèle familial. Ils se moquent gentiment de moi, mais ils se moquent tout de même, et ça me fait mal.

L'explication

Penser qu'on est moins aimé qu'un autre membre de sa fratrie, c'est un sentiment lourd à porter. On croit que l'on a moins d'importance, moins de valeur aux yeux de ses parents, et donc qu'on est moins digne d'amour. Tu as la sensation au fond de toi que ton frère ou ta sœur est favorisé sur bien des plans. Tu penses que tu as une place plus petite, que ce que tu es ne convient pas ou n'est pas assez, ou bien encore tu te sens incompris, à part, différent.

Cela peut t'amener à te sentir rejeté, ou à rejeter tes parents ou tes frères et sœurs. Alors tu vas sans cesse chercher à prouver soit que tu mérites d'être aimé par eux, soit que tu peux réussir sans eux. Mais cela t'entraîne dans une course folle qui te prend une grande dose d'énergie. Peut-être le fossé qui se creuse entre tes proches et toi t'entraîne-t-il peu à peu vers un sentiment de solitude.

Les parents peuvent prendre plus de temps et d'énergie pour l'un de leurs enfants que pour un autre, en fonction de différents paramètres (âge, maladie, handicap, difficultés de toutes sortes, activités sportives ou artistiques intensives...), mais il est de l'ordre de l'exception qu'un enfant soit préféré à un autre, plus aimé qu'un autre.

Comme nous l'avons dit, l'amour défie les lois mathématiques : il se multiplie quand on le divise.

Ce merveilleux paradoxe apparent exprime le fait que l'amour grandit en même temps que le nombre d'êtres à aimer augmente. Pour des parents, plus d'enfants, c'est plus d'amour. Pour beaucoup, même si cet amour est ressenti très fort, il n'est pas facile à exprimer, ce qui donne lieu à des incompréhensions, des interprétations erronées.

Quand tu penses que tes parents préfèrent ta sœur ou ton frère, ce sont des suppositions que tu fais en fonction de ce que tu observes. Mais dans la grande majorité des cas, ce qu'on interprète n'est pas ce qui se joue réellement.

L'antidote

Si tu imagines des choses qui font si mal, le mieux est d'aller au contact : dans un moment où tu te sens prêt, va voir tes parents pour leur parler de ce que tu ressens, en leur disant que c'est quelque chose qui est douloureux pour toi, et que tu as besoin d'être rassuré. Ainsi, tu verras qu'en réalité, leur sentiment n'est pas celui que tu avais imaginé, qu'il y a aussi du positif. Pour cela, tu peux utiliser les étapes de la communication consciente, expliquées dans le chapitre 2, pages 52 et 53.

Quelle que soit la réponse de tes parents, même si ce n'est pas celle que tu aurais rêvé d'entendre, essaie d'être à l'écoute de ses côtés positifs. Porte aussi ton attention sur le fait qu'exprimer tes émotions difficiles peut soulager le poids qu'elles exercent sur toi.

Si tu as le sentiment qu'il n'est pas possible tout de suite pour toi d'aller au contact, souviens-toi de l'idée que l'amour est inconditionnel. Quand tu commences à avoir des pensées comme « mes parents m'aiment moins », tu te trouves sur les terres du « Je peureux », et le petit bonhomme inquiet qui s'y trouve invente une histoire qui fait mal, car il se sent loin de l'amour. Pour le rassurer, rappelle-lui cette idée, explique-lui que tu n'as pas envie de croire ce qu'il te raconte. Tu as envie de croire que tes parents t'aiment fort.

Scène de vie 25

J'ai peur du regard des autres

Tom

La situation

Quand je me regarde dans la glace, je ne vois rien qui ressemble aux belles gueules du cinéma, des séries, etc. Je ne suis pas très grand, pas très musclé, je n'ai pas le physique d'un super-héros. Du côté du travail scolaire, j'ai du mal à avoir la moyenne, et pourtant je travaille ! Je suis un peu lent. Est-ce que je suis bête, en plus d'être moche ? Sur mes bulletins scolaires, il y a souvent des remarques dans le genre « Moyen », « Peut mieux faire ». C'est sûrement vrai, que je peux mieux faire... Mais je fais de mon mieux ! J'ai peur du regard des autres. J'y lis sans arrêt de la critique. C'en est devenu une obsession. Je pense que je ne suis pas assez bien pour les autres, que je suis nul, qu'ils s'en aperçoivent, ou bien qu'ils vont forcément s'en apercevoir. Du coup, je projette ça dans la façon dont les autres me considèrent : j'ai l'impression qu'ils me regardent tous de haut en bas, avec mépris, qu'ils me jugent en silence, qu'ils pensent des tas de choses négatives, même quand ils ne l'expriment pas. Un véritable enfer.

Alors j'essaie de passer inaperçu, de me fondre dans le paysage. Et je fais tout pour ne pas risquer des remarques. Par exemple, je m'habille dans des tons neutres, mais en faisant attention à la moindre tache, au truc qui pourrait attirer l'attention sur moi. J'ai toujours du déodorant dans mon sac et j'en mets avant et après le sport pour ne pas sentir la transpiration. Je me surveille dès que j'ouvre la bouche parce que j'ai l'impression d'aligner les maladresses. Au final, ça m'épuise de me contrôler tout le temps !

L'explication

Tu as peur du regard des autres parce que tu projettes (cf. p. 47) sur eux ce que toi, tu penses de toi. Tu es convaincu que, malgré tous tes efforts, tu n'es jamais assez bien, tu n'es jamais « assez ». Mais tu es un être humain, et tous les humains ont des failles, c'est ainsi. C'est aussi ce qui fait la singularité de chacun.

Cette croyance négative selon laquelle tu ne serais pas « assez » est présente dans la fonction « Personnalité » de ton Self (cf. p. 39). Elle te prend beaucoup d'énergie. Elle active le « Je peureux », qui porte un regard dur, étriqué, négatif sur toi.

Nous pouvons imaginer que, quand tu étais enfant – et peut-être encore aujourd'hui –, tu as été beaucoup critiqué par des personnes de ton entourage, notamment par une figure paternelle. Peut-être n'as-tu pas été regardé et en as-tu souffert en imaginant que c'était ta faute. Il est aussi possible que beaucoup d'exigences aient été posées sur toi, et que tu aies eu l'impression que tu n'étais pas à la hauteur de ce qu'on attendait de toi. D'où cette interprétation que tu as pu construire en croyant que tu n'étais pas « assez », ou pas comme il fallait…

En accordant autant d'importance au regard des autres, en te définissant en fonction de ce que tu perçois de ce regard, de la façon dont tu l'interprètes, tu en dépends beaucoup pour comprendre qui tu es. Ton estime de soi s'en trouve fragilisée et souvent remise en question. C'est douloureux pour toi, car il est difficile de se sentir bien avec soi-même quand on est esclave de l'avis des autres.

Une dimension narcissique peut aussi apparaître à penser qu'il y a tous ces regards posés sur toi. C'est ce qui se passe sur les réseaux sociaux, lorsque le nombre de *followers* devient une obsession et qu'une légère baisse de ce nombre provoque de l'anxiété, une impression de ne pas avoir fait assez. Chacun a sa vie, ses propres questionnements, ses failles, ses tracas, ses centres d'intérêt. Et même si tu es important, tu n'es pas au centre de toutes les pensées.

L'antidote

Nous t'invitons à te regarder, toi, et à décrire ce que tu vois de toi, dans tous les domaines : physique, intellectuel, relationnel… Prends conscience du regard que tu portes sur toi. Cela t'aidera à mieux comprendre le mécanisme que tu mets en place inconsciemment. En effet, le regard des autres agit tel un miroir dans lequel tu vois le reflet de ce que, toi, tu penses de toi.

Dans un second temps, si tu sens que c'est possible, tu peux définir comment tu as envie de te voir. Par exemple, tu peux choisir des phrases clés, te les dire régulièrement, les afficher dans ta chambre et/ou les écrire dans un carnet. Cela peut être : « J'ai envie de me regarder avec bienveillance », « J'ai envie de voir du beau en moi »… Il s'agit d'intentions, c'est OK que le négatif soit là en même temps que ce que tu amènes de positif. Petit à petit, l'agréable prendra le dessus sur le désagréable.

Tu peux aussi te placer devant une glace et te regarder en te souriant. Si c'est possible pour toi, tu peux dire à ton reflet, en ajoutant ton prénom : « Je t'aime bien. » Si tu répètes cet exercice régulièrement, quotidiennement, il te paraîtra de plus en plus naturel, et il pourra apporter un véritable changement d'ambiance en toi, avec plus de bienveillance envers toi-même.

Scène de vie 26

J'adore commander les autres

Noémie

La situation

Où que je sois, en général, je prends la direction d'un groupe de gens de mon âge. Très vite, c'est moi qui commande tout le monde. C'est vrai dans mon établissement scolaire, et en camp d'ados, il s'est passé exactement la même chose : au bout de deux jours, j'avais une sorte de cour autour de moi, ça s'est fait naturellement, je ne sais pas vraiment comment. Ce qui est sûr, c'est que j'adore diriger. Dans mon groupe de filles de la classe, je suis chaque année la cheffe ! Je dis aux autres à qui elles peuvent parler et à qui je ne veux pas qu'elles adressent la parole, et elles le font sans discuter. Si on sort se balader, je fixe l'heure et le jour en fonction de mon emploi du temps, pour que ça m'arrange, et je ne laisse pas de choix. Si elles ne peuvent pas venir, tant pis pour elles. Parfois, j'exclus des membres du groupe, si je considère qu'elles ne sont pas assez bien habillées, pas assez drôles, pas assez... quelque chose. Personne ne proteste jamais, tout le monde a envie de me satisfaire, et que je lui montre que je l'aime. Moi, ça me va très bien. Même si, de temps en temps, j'ai un doute. Est-ce que j'abuse des autres ? Pourquoi est-ce que j'ai besoin d'avoir du pouvoir, comme ça ? Bien sûr, je n'exprime mes questionnements à personne. D'ailleurs, à qui est-ce que je pourrais en parler ? Sûrement pas aux filles qui m'entourent !

L'explication

Tu ressens le besoin de contrôler, de prendre une place importante dans les relations. Cela veut dire qu'au niveau de ton estime de soi, tu prends le chemin de la surcompensation au lieu de prendre celui de la confiance. Ton estime de soi est sans doute mise à l'épreuve dans ta vie, pour tout un tas de raisons. Peut-être es-tu face à de grandes exigences ou à une autorité très affirmée à la maison, ce qui te donne le sentiment de ne pouvoir compter que sur toi. Tu gonfles alors ton ego pour fonctionner au quotidien : si tu te sens écrasé chez toi, être autoritaire avec les autres te procure une forme de soulagement.

Vouloir diriger l'autre, c'est avoir besoin de se sentir au-dessus de lui. Tu ressens ce mode de fonctionnement comme une sorte de nécessité car, à l'intérieur de toi, tu n'arrives pas à percevoir ton importance. Tu as besoin de croire qu'elle est plus grande que celle des autres, mais au fond, tu n'arrives pas à te donner de la valeur. Tu as aussi du mal à voir et à sentir tes failles, ta vulnérabilité.

Être confiant, c'est sentir qu'on est important et que l'autre *aussi* est important. Quand on parvient à cet équilibre, on ne se sent pas démuni si on donne de l'importance à l'autre, car l'estime de soi est sur le bon chemin dans sa construction.

La bonne nouvelle, c'est qu'à n'importe quel moment de la vie, on peut trouver le chemin vers une bonne estime de soi, celle qui mène à être confiant. Soit on chemine vers elle dès l'enfance parce qu'on est placé dans des conditions de développement plutôt positives (plus de facteurs de résilience que de facteurs de risque), soit on se sent moins ou au contraire plus important que les autres, et un travail sur soi en psychothérapie peut aider à se réajuster. Pour le moment, si diriger les autres est l'ajustement qui t'aide à fonctionner au quotidien, c'est OK ! Regarde ce fait, prends conscience qu'il existe, accepte-le comme une étape importante et précieuse.

L'antidote

C'est déjà très courageux de ta part de reconnaître que tu éprouves le besoin de diriger les autres. C'est une belle prise de conscience, et donc le début pour que les choses puissent évoluer. Tu as franchi un pas très important.

Au fil de tes expériences, tu vas te voir diriger les autres, tu vas te voir avec ce besoin, et pour le moment, c'est OK que ce soit là, en toi. En lisant l'explication qui précède, peut-être as-tu compris pourquoi tu as besoin de te conduire de cette façon avec autrui.

Si cela te convient, nous te proposons de mener de petites expériences d'observation de toi-même. Quand tu as envie d'imposer une activité, une manière de faire, un sujet de discussion… à quelqu'un, juste avant de le faire effectivement, tu peux te demander : « Est-ce que j'ai vraiment besoin de me conduire comme cela ? », « Et si je donnais à cette personne autant d'importance qu'à moi, ça me ferait quoi ? ». Pour nommer ce qui se passerait en toi, tu peux consulter la liste des émotions à la fin de ce livre. Cela t'aidera à mettre des mots sur ce que tu ressens.

Si tu veux tenter cette expérience de donner plus d'importance à autrui, commence par de petites choses, avec une personne proche, que tu apprécies. Chaque pas compte. Par exemple, écouter son avis sans l'interrompre, avec toute ton attention. Tu peux aussi te demander comment ce serait d'accepter pour une fois l'activité que ta copine ou ton copain propose, plutôt que celle que tu voulais, toi. Ce sont des essais, de petites expérimentations, qui peuvent te faire du bien.

Scène de vie 27

Mon père ne pense qu'à mes victoires

Adama

La situation

Au foot, je suis un bon avant-centre. Je m'entraîne depuis des années. Mon père m'a tout de suite encouragé, et même poussé pour que j'en fasse de plus en plus. Maintenant, mon équipe participe à des rencontres régionales, on gagne pas mal de matchs, même contre les équipes qui sont mieux placées que nous, et il est question qu'on aille au niveau national si on continue à faire des étincelles. Il m'accompagne aux compétitions le week-end.

La première fois qu'il m'a souri vraiment, c'est quand on est arrivés premiers au classement de notre catégorie, il y a trois ans. Il est persuadé que, si je veux, je peux devenir un super joueur… J'adore ce sport et mon niveau s'améliore tout le temps. Mais le fait que mon père ne voie que les victoires et les défaites, ça me fait mal au cœur. J'aimerais qu'il soit juste heureux que j'aie une passion. En fait, j'ai l'impression d'être obligé de gagner parce que sinon… Est-ce que mon père continuerait à s'intéresser à moi ? Qu'est-ce qu'il faut que je fasse de plus ?

Pourquoi je n'ai pas le droit de souffler un peu, de passer plus de temps avec mes copains, d'aller à des fêtes ? J'ai comme un poids sur les épaules, et dans ma tête une petite voix qui me dit que je ne suis pas intéressant.

L'explication

Dans la situation ci-dessus, le père d'Adama ne voit pas vraiment son enfant, il vit sa propre passion à travers lui. Quelle que soit l'activité dans laquelle le parent s'investit par l'intermédiaire de son enfant, ce qui fait souffrir, c'est le manque d'altérité de la part du parent : les émotions vécues par l'enfant, face à la dureté de la compétition par exemple, ne sont pas considérées. Or, un ado peut parfois être fatigué ou ne pas avoir envie et, si ce « coup de mou » n'est pas pris en compte, c'est difficile à vivre pour lui. Peut-être te reconnais-tu, à la lecture de ces lignes, dans cette sensation de ne pas trouver ta place.

Le plus souvent, quand un parent agit ainsi, ce n'est pas conscient de sa part. Il porte en lui une blessure, qu'il a l'impression de soigner avec la réussite de son enfant. Quelle peut être cette blessure ? Ses propres parents n'avaient peut-être pas les moyens de lui payer l'activité qui le passionnait, il peut ne pas avoir eu l'opportunité de s'y épanouir, faute de coach avisé ou d'une bonne orientation, ou encore il a eu l'impression de ne pas réussir dans ce qui le faisait rêver et cela le frustre.

Un parent est un être humain, il est donc faillible. Il peut lui arriver de faire des erreurs, même si c'est difficile pour toi de l'admettre. Il ne s'agit quasiment jamais de pure négligence. Le parent a son histoire, et peut-être des représentations ou des croyances qui l'empêchent d'agir au mieux avec son enfant. Il ne s'agit pas de le juger ni de dire que tout est sa faute. Toutefois, c'est d'abord à lui de se remettre en question : l'adulte est 100 % responsable de ses actes et dispose pour cela de toutes les ressources psychiques nécessaires, contrairement à toi, qui te construis encore. Ton parent doit être en mesure de prendre soin de toi et de tes émotions, ou au moins d'en avoir l'intention.

Dans ton quotidien, tu es écrasé par la relation à ton parent qui cherche à maîtriser une partie de ta vie. Cette relation, qui se situe dans ton espace partagé, prend toute la place, c'est comme si tu n'avais plus la tienne ou qu'elle était devenue toute petite. Tu n'arrives plus à exister pleinement dans ton espace intérieur, c'est-à-dire à déployer tes croyances, tes valeurs, tes besoins, ton envie d'action propre.

Cela pourrait te donner l'impression que tu ne sais pas exister par toi-même, prendre les décisions qui te conviennent vraiment, parce que ton parent prend tellement d'espace, décide de tant de choses, qu'il est difficile pour toi de donner de l'importance à ce qui se passe à l'intérieur de toi.

L'antidote

L'objectif est que tu puisses réinvestir ton espace intérieur, c'est-à-dire ce qui se passe en toi. Aller regarder en toi de quoi tu as envie, de quoi tu n'as pas envie, c'est fondamental. Tu vis ta vie à toi, même si tu dépends encore de tes parents, tu as besoin que tes envies et tes besoins soient écoutés. Pour qu'ils le soient, il est nécessaire que tu les définisses en amont, clairement, d'abord pour toi.

Nous t'invitons à prendre une feuille. Notes-y tout ce dont tu ne veux plus, en allant à la ligne pour chacune de tes phrases, que tu fais commencer par «Je ne veux plus». Le jeune Adama de la situation pourrait par exemple écrire : «Je ne veux plus que mon père décide de tout», «Je ne veux plus angoisser avant chaque compétition».

Une fois que tu as établi cette première liste, prends une autre feuille, reprends chacun de tes «Je ne veux plus» et transforme-les en une phrase commençant par «Je veux». Par exemple, «Je veux avoir ma place dans les décisions concernant mon activité». Ainsi, tu ouvres une voie vers du positif, tu fais de la place à ce que tu souhaites.

Jette la feuille où sont écrits les «Je ne veux plus» et garde précieusement celle des «Je veux».

Dès que tu te sens oppressé, tu peux reprendre la feuille et relire les souhaits que tu y as notés.

Pour aller plus loin, tu peux choisir dans ta liste un «Je veux» qui te parle fort et trouver une action qui te permettrait d'aller vers sa concrétisation. Nous te recommandons de définir un petit pas pour t'y conduire, un pas qui te semble facilement réalisable. Dans l'exemple plus haut, qui était «Je veux avoir ma place dans les décisions concernant mon activité», l'action pourrait être d'exprimer à ton parent ce que tu souhaites décider, par exemple un covoiturage pour te rendre à la prochaine compétition.

Scène de vie 28

Ma mère surveille tout ce que je fais

Marie

La situation

Parfois, j'ai l'impression de vivre en prison. Mes copains peuvent sortir après les cours, et moi je n'ai pas le droit. Quand je rentre à la maison, ma mère me prend mon téléphone portable. Je sais bien que j'ai des devoirs à faire, mais j'ai aussi envie de répondre aux messages de mes copines. Pourquoi est-ce que je ne pourrais pas le faire ? Je suis grande maintenant, je ne suis plus un bébé tout de même ! Je crois que le pire du pire, c'est quand ma mère entre dans ma chambre sans frapper. Et elle y pénètre aussi quand je ne suis pas là. Je le sais, parce que je place mes cahiers d'une certaine façon, ou je mets un cheveu en équilibre dans la fermeture d'un tiroir, et souvent, quand je vérifie, ce n'est plus à la même place. Elle cherche quoi exactement ?

Souvent, elle me demande de passer du temps avec elle. Avant je le faisais avec plaisir, mais maintenant je me rends compte qu'elle en profite pour me poser plein de questions sur mes copines, les garçons, les profs, les cours, et j'en passe. Je finis par avoir l'impression de passer un interrogatoire. Quand je ne réponds pas, elle me fait un chantage du genre : « Après tout ce que je fais pour toi, tu refuses de me parler, c'est vraiment injuste. »

Du coup, j'ai l'impression qu'elle n'a pas confiance en moi, et au final, moi non plus, je n'ai plus confiance en moi. Elle ne me laisse pas m'amuser, faire mes propres expériences, comme si j'allais forcément faire des bêtises. Je me sens de plus en plus angoissée, j'ai un poids dans la poitrine, et je me sens coupable : j'aime ma mère, mais j'ai envie d'être loin d'elle.

L'explication

Cette question est délicate : tant que tu es sous la responsabilité de tes parents, tu n'as pas un éventail d'options très étendu. Toutefois, il est possible de faire bouger les choses, par la compréhension de tes propres émotions, ainsi que par un dialogue aussi apaisé que possible, qui respecte l'autre.

Ton parent est là pour te protéger. Cependant, s'il veut tout savoir, tout le temps, de tes faits et gestes, cela bascule dans le « trop ». Il est alors légitime que tu te sentes oppressé, comme si ton espace intime n'était pas suffisamment respecté. Et puis tu peux croire ou sentir que ton parent n'a pas confiance en toi. Or la confiance, c'est important pour que tu puisses te construire et gagner peu à peu en autonomie. Mais est-ce vraiment en toi que ton parent n'a pas confiance ? Certains adultes sont angoissés par le monde, ils en ont peur. Ils pensent que la société est essentiellement violente. Ils ne voient pas qu'il peut aussi y avoir du bon, de la douceur, de la bienveillance sincère. Ce déficit de confiance dans le monde en général en induit un autre : le parent n'a pas confiance dans le fait que cela va bien se passer pour son enfant. Il finit donc par ne pas avoir confiance en la capacité de son enfant à prendre soin de lui et de sa sécurité : il craint que tu fasses des choix irraisonnés, que tu parles à des inconnus malintentionnés, que tu empruntes des rues dangereuses…

Ton parent est angoissé, et toi, tu subis cette angoisse : tu te retrouves à devoir rendre des comptes, ce qui te pèse. Tu es dans une phase de ta vie où tu n'as pas la liberté d'action que tu souhaiterais avoir et que tu as besoin de vivre. Mais ce ne sera pas toujours comme cela. Tu grandis. Un jour, tu pourras avoir une plus grande marge d'action et construire une autre relation avec ton parent. En attendant, certes tu n'es pas totalement en accord avec ce qui se passe et ce n'est pas facile à vivre, mais si tu vas vers une acceptation émotionnelle de la situation (« C'est ainsi, même si je ne suis pas d'accord »), ce sera probablement moins douloureux pour toi.

Si ton parent explore son angoisse, il pourra sans doute se détendre davantage, et votre relation deviendra plus confiante. La souffrance crée le besoin de contrôler ; il ne s'agit pas de méchanceté, mais d'une façon de protéger qui n'est sans doute pas bien adaptée.

L'antidote

Nous t'invitons à bien faire la distinction entre la façon d'être au monde de ton parent et la tienne. Si l'un de tes parents te surveille, c'est qu'il vit dans la peur. Il a la croyance que le monde est dangereux, que c'est une jungle : il a peur qu'à l'extérieur du cocon familial il t'arrive quelque chose de difficile, de mauvais. C'est OK d'avoir cette croyance, simplement tu n'es pas obligé de la prendre, de l'introjecter (cf. p. 46) : elle n'est pas *la* réalité, mais un des filtres au travers desquels on peut percevoir le monde. Des personnes autour de toi ont peut-être une perception différente ; tu peux t'en inspirer pour décider de la façon dont tu as envie, toi, de voir les choses. Dans le monde, il y a bien sûr du mauvais, mais aussi du bon. C'est de ce bon-là que tu as envie de t'entourer. Tu ne veux pas introjecter, c'est-à-dire que tu ne veux pas laisser entrer en toi la peur qui appartient à ton parent.

Tu as tes propres aspirations, tes propres façons d'être. Ce n'est pas parce que tu es aux prémices de ta vie, que tu es jeune, que ces aspirations sont illégitimes.

Ton parent très protecteur a raison sur un point : il faut être vigilant, prendre soin de toi, sentir quand c'est OK ou quand tu sens que quelque chose ou quelqu'un pourrait représenter une menace pour toi, pour ton intégrité physique ou psychique. Et il est logique qu'en tant qu'ado, sous la responsabilité de tes parents, tu aies des limites à respecter, comme ne pas rentrer trop tard le soir.

Il est tout aussi important qu'un équilibre s'établisse entre ce cadre qui te structure et la confiance que tu attends de la part de tes parents. Peut-être peux-tu envisager d'exprimer tes besoins de façon tranquille et rassurante ? Cela permettrait de mettre au clair ce qui est fondamental pour toi et ce qui est important pour les adultes qui sont responsables de toi. Par exemple, s'ils souhaitent savoir si tu es bien arrivé quelque part, si tu es en sécurité, vous pouvez convenir de l'envoi d'un court texto.

Si la communication reste difficile, si ton impression d'être surveillé demeure trop forte, il peut aussi être intéressant de proposer une thérapie familiale : des échanges avec un professionnel de la psychothérapie, dans un cadre sécurisé et confidentiel, peuvent aider chacun à mieux comprendre ce qui se joue et comment arriver à des échanges plus apaisés et confiants.

Scène de vie 29

Maman veut habiter avec son amoureux

Abraham

La situation

Mes parents se sont séparés quand j'étais petit et mon père ne donne plus signe de vie. Depuis, j'ai toujours vécu seul avec ma mère. Elle travaille beaucoup mais elle se débrouille toujours pour me consacrer du temps. On s'entend bien, elle a confiance en moi et j'ai confiance en elle. Elle sait que je respecte les règles qu'elle a fixées : l'heure à laquelle je dois être rentré à la maison par exemple, sauf si je la préviens. Il y a un an, elle a changé : elle est devenue plus gaie, mais plus distraite aussi, moins souvent là. Je ne comprenais pas ce qui se passait. Elle a fini par me parler d'un ami à elle, puis elle m'a dit que cet ami était devenu son amoureux. Je suis content pour elle, et en même temps ça me perturbe. Comme si je n'étais plus au centre de sa vie. Ensuite, les choses ont encore évolué : elle m'a présenté Alain, il est sympa. Il a un fils, lui aussi, à peu près du même âge que moi, il s'appelle Paul. Maman et Alain ont décidé qu'on allait habiter ensemble, tous les quatre. On vient de déménager. L'appartement est plus grand que celui qu'on avait. Paul et moi, on a chacun notre chambre. Mais comment je vais pouvoir cohabiter avec un homme que je ne connais presque pas, et son fils que je connais encore moins ? J'ai tout de suite vu qu'Alain et ma mère ne nous avaient pas élevés de la même façon, Paul et moi. Paul sort à peu près quand il veut, il demande de l'argent de poche au dernier moment et il l'obtient presque toujours alors que, pour moi, c'est une somme fixe que je gère. Qui vide le lave-vaisselle ? Moi. Qui met la table ? Devinez. Je comprends que ma mère ait besoin de vivre sa vie, mais là je me demande vraiment comment je vais faire pour supporter tout ça…

L'explication

Comme tu le sais, la loi dit qu'en tant que mineur, tu es sous la protection de tes parents – ou d'un de tes parents, selon les cas. Certains éléments de ta vie te sont donc imposés, comme ton lieu de résidence principale, à moins que ton intérêt supérieur ne mène à prendre une décision particulière, qui sera alors examinée par le juge des affaires familiales si tes parents ne sont pas d'accord entre eux. Tu n'as donc pas le choix dans tous les domaines, ce qui peut te donner l'impression de subir sans avoir ton mot à dire.

Quand l'un de tes parents décide de vivre avec un nouveau conjoint et que tu dois le suivre, c'est pour toi une plongée dans l'inconnu. Si ce chamboulement te fait peur, cela peut t'amener à faire ce qu'on appelle des « anticipations négatives » :

le «Je peureux» s'enclenche, il raconte des histoires dans ta tête, invente les scénarios les plus sombres, ceux où les pires événements surviennent.

Ton parent a le droit de tomber amoureux. Si ça le rend heureux, c'est important. Cela peut te faire du bien de le voir épanoui, confiant dans un bonheur à venir.

Dans son roman intitulé *Sur le bord de la rivière Piedra, je me suis assise et j'ai pleuré*, l'écrivain Paolo Coelho a écrit : «Le bonheur est quelque chose qui se multiplie quand il se divise.» Si ton parent est heureux avec son nouveau partenaire, comme le bonheur est communicatif, tu peux récolter de la douceur, de la paix. Ce partenaire à qui ton parent trouve de l'intérêt en aura peut-être à tes yeux aussi, si tu lui laisses une chance dans votre relation à venir ? Et s'il gagnait à être connu ?

Par ailleurs, si cette personne a déjà un ou des enfants, avec qui tu vas être amené à cohabiter parfois, souvent, ou en permanence, il s'agit là aussi d'une relation à construire. Rien n'est écrit à l'avance. Et dans toute relation, tu as ta part de responsabilité. Tu pourrais par exemple te dire que «Ça peut aussi bien se passer» et garder l'esprit ouvert à ce qui va advenir.

L'antidote

Dans un premier temps, tu peux définir tes limites, celles qui te sont nécessaires pour que la cohabitation respecte tes besoins, notamment en ce qui concerne ton intimité. Cela peut être un horaire de passage dans la salle de bains, le respect de tes préférences alimentaires pour un partage équitable dans le réfrigérateur, avoir ta propre chambre si c'est réalisable matériellement… Tu peux aussi avoir besoin que ton parent passe des moments rien qu'avec toi, par exemple deux heures par semaine pour la pratique d'une activité commune.

Définir tes besoins dans ce nouveau cadre a l'avantage de t'encourager à te les exprimer à toi-même, puis à tes proches. Vous pouvez vous mettre tous autour d'une table et discuter, afin que chacun exprime ses priorités, qui sont d'ailleurs susceptibles d'évoluer au fil du temps. Tes propositions engagent un dialogue, une négociation pour que chacun trouve sa place, se sente respecté et pris en compte dans sa singularité. Ainsi, les règles ne restent pas implicites, elles sont posées, et tu n'as plus la sensation de subir : tu deviens acteur de la façon dont le quotidien se déroule.

Scène de vie 30

Je n'ai rien en commun avec mon frère

Irina

La situation

Moi, je suis d'un naturel calme. J'aime bien écouter de la musique dans ma chambre, regarder des séries et aller au cinéma, dessiner… Jouer à des jeux de construction aussi, comme avant, mais en cachette, parce que j'ai peur qu'on se moque de moi et qu'on me traite de « petite ». Mon frère, lui, c'est une vraie pile électrique. Il faut toujours qu'il bouge, qu'il s'agite, qu'il parle fort. Et puis il entre dans mon antre sans frapper, alors qu'il sait très bien que je déteste ça. Quand on était enfants, il nous arrivait de jouer tous les deux. Mais il a six ans de plus que moi, maintenant il sort souvent avec ses copains. J'ai l'impression d'être devenue la « petite sœur encombrante » ! Même si j'avais envie de les accompagner et que je lui demandais, je crois bien que la réponse serait « non ». Alors je ne pose même pas la question. Bref, on ne fait plus rien ensemble. On ne partage pas grand-chose. On parle de trucs concrets, comme le menu, les tours de lessive, mais jamais de ce qu'on vit pour de vrai, de ce qu'on ressent. Je crois qu'en fait on ne s'apprécie plus trop. Ça me fait de la peine, mais c'est plus fort que moi, je me sens vite agacée par ses façons de faire. Alors je me renferme dans ma coquille. Pourtant, on est frère et sœur, alors on est censés bien s'entendre, non ? Pas se traiter quasiment comme si on était des étrangers l'un pour l'autre.

L'explication

Il arrive que des personnes d'une même famille aient des singularités, des comportements très différents, en fonction de leur personnalité, de leur place dans la fratrie… Et cela peut créer la sensation d'une absence de complicité.

Mais comme le disait Albert Einstein, peut-on comparer un poisson et un singe en disant que l'un nage mieux que l'autre, que le second grimpe mieux aux arbres que le premier ? Des entités complètement différentes, comme le sont deux êtres humains, ne sont pas comparables. La comparaison est un poison !

La valeur de qui tu es ne se mesure pas en te comparant aux autres. Elle existe en toi, elle est stable. Elle reste la même, quels que soient les compétences et les comportements des uns et des autres autour de toi, même si les qualités et les imperfections de chacun sont différentes.

Il se peut que toi et ton frère ou ta sœur soyez dans des phases différentes de votre développement, du fait d'une différence d'âge ou pour toute autre raison. Il arrive qu'on ne grandisse pas de la même manière, ou pas au même rythme. Alors une distance se crée parfois, qui n'empêche pas de se retrouver plus tard. À la sortie de l'enfance, il peut y avoir comme une perte de repères, avant que la fratrie se réunisse sur d'autres bases. Pourtant, l'amour est là, même si pour le moment tu ne le sens pas.

L'antidote

Tu peux t'entendre avec quelqu'un qui compte pour toi, sans que vous ayez des choses en commun : tu peux aller découvrir son univers comme tu ferais un voyage dans un pays que tu aurais plaisir à explorer. Tu transformes ainsi ton impression de ne plus le comprendre en une redécouverte.

Tu peux lui en parler, aller au contact. Oser dire ce que tu ressens le touchera peut-être, et te soulagera. Exprimer ta tristesse face à ton impression de partager moins de complicité qu'avant peut créer un rapprochement, et cela t'invite à t'occuper de tes émotions, à les prendre en compte.

Ici et maintenant, nous t'invitons à privilégier d'autres relations que celle avec ton frère ou ta sœur. C'est OK qu'il y ait un moment de flottement, cela arrive. Essaie de lâcher cette idée qui t'attriste. Si une distance se crée, accepte-la, comme tu accepterais la présence d'un nuage dans le ciel, sachant qu'il va passer et que le bleu reviendra.

Scène de vie 31

**Je ne vais pas bien,
mais mes parents ne le voient pas**

Samuel

La situation

Je me sens souvent triste, mal dans ma peau, c'est peut-être l'adolescence, je ne sais pas exactement. J'aimerais que mes parents s'en rendent compte, qu'ils s'intéressent à ce que j'éprouve, mais non, j'ai l'impression qu'ils ne voient pas du tout mon mal-être. Tant que j'ai des notes correctes, que je vais en cours, que je me débrouille seul dans la vie de tous les jours, ils considèrent que tout va bien. Et moi je n'arrive pas à leur dire ce que j'ai, comment je me sens. Donc on ne parle jamais de mes émotions, de mes relations avec les autres, de ce qui me rend heureux ou malheureux. À la maison, mes parents ne parlent que de sujets superficiels, qui ne m'intéressent pas, et ils ne se rendent même pas compte que je ne prends pas part à leurs conversations. Ma mère, ce qui la branche, ce sont les commérages, ce que Machin a dit, ce que Machine a répondu, les potins sur le voisin qui aurait piqué des pommes dans le jardin de quelqu'un d'autre, la dernière nouvelle entendue à la boulangerie... Mon père, lui, il est dans ses habitudes, il passe un temps fou dans le garage à bricoler. Il n'est pas méchant, c'est juste qu'il ne s'intéresse pas à moi. La semaine dernière, on mangeait, la télévision était allumée, je me sentais si angoissé que les larmes me sont montées aux yeux, et ils n'ont rien vu du tout... Je suis transparent à ce point ?

L'explication

Pour certains parents, ce qui compte le plus, c'est que les enfants soient en sécurité du point de vue matériel (un toit, à manger, des vêtements corrects) et qu'ils aient une scolarité sans encombre. Ils pensent que si toutes ces conditions sont remplies, alors l'enfant est heureux. En fait, ils considèrent probablement leur propre vie selon les mêmes critères : un travail, une maison, assez d'argent pour partir en vacances, c'est tout ce dont ils ont besoin. Ils n'ont pas appris à être ouverts à leurs émotions, donc ils pensent que c'est ainsi que la vie doit se dérouler. De ce fait, ils n'ont pas conscience que les émotions que tu vis sont si intenses, si perturbantes. Il se peut même qu'ils nient tes émotions dans leur discours, puisqu'on leur a appris à mettre les leurs de côté.

Or, tes émotions sont importantes. Elles comptent. Parfois, à l'adolescence, elles sont vives, elles partent dans tous les sens, avec une intensité qui peut te déborder, d'autant plus qu'elles ne trouvent pas à s'exprimer en confiance quand tu es avec tes parents. Alors, tu peux te sentir seul pour les réguler, et tu ne sais pas trop comment t'y prendre. Il est important que tu trouves un ou des interlocuteurs de confiance qui sachent accueillir tes émotions.

Il y a une différence entre ne pas voir les émotions et ne pas savoir faire avec. Tu es important pour tes parents, néanmoins, ils ne te le montrent pas par une écoute attentive. Ils pensent que, s'ils te donnent des choses matérielles, c'est suffisant pour toi. Eux-mêmes n'ont sans doute pas appris à exprimer ce qu'ils ressentent.

Il est compréhensible que tu aies besoin que tes parents te considèrent dans cet aspect de toi et t'aident mais, s'ils ne savent pas comment faire, tu peux envisager de te tourner vers d'autres interlocuteurs.

L'antidote

Tu sors de l'enfance, une période de la vie où tu pensais sans doute que tes parents devaient savoir ce qui se passait en toi. Peut-être as-tu encore un peu cette croyance magique. C'est légitime, tu es dans une période de transition. En grandissant, tu vas comprendre que cela ne fonctionne pas ainsi.

Plus tôt tu apprendras à exprimer tes émotions pour que les autres les comprennent, plus tôt tu apprendras à être responsable de ce que tu ressens. Quand tu ne vas pas bien, c'est en toi que se trouve ce mal-être. Donc, si tu souhaites qu'on t'écoute, il est important que tu dises les choses car la plupart des gens ne savent pas ce qu'il y a à l'intérieur de toi. Ta responsabilité réside dans le fait de t'exprimer : tu as le choix entre dire ce que tu éprouves ou le garder à l'intérieur de toi, en prenant le risque qu'on ne le remarque pas. Tu peux le faire en communication consciente, dont nous t'avons expliqué le fonctionnement au chapitre 2, pages 52 et 53.

Prends le temps d'écrire ce que tu ressens, ou d'y réfléchir, puis dis à un interlocuteur qui est important pour toi : « Il se passe ça en moi. » Exprime-toi en disant « je », cela permet aux autres d'écouter sans se sentir agressés ou accusés.

Si tu ne veux pas qu'ils te proposent une solution pratique en réponse à l'expression de ton mal-être – « Fais du sport » ou « Mange plus léger le soir, tu dormiras mieux et tu seras en forme dans la journée », par exemple –, dis-leur clairement que tu as besoin d'exprimer tes émotions, qu'elles soient entendues, et que tu n'attends pas de solution en retour.

Scène de vie 32

C'est fini entre nous

Candice

La situation

Au début, je le regardais à la dérobée, quand il ne faisait pas attention à moi. Je le trouvais beau, attirant, intelligent… Tout. Et puis une copine m'a fait remarquer que, lui aussi, il me regardait souvent. Alors mon cœur s'est mis à battre un peu plus fort encore. J'ai espéré. Un jour, mon sac est tombé dans la cour, il était mal fermé et des tas d'affaires ont atterri par terre. Il s'est précipité pour m'aider à ramasser, nos mains se sont frôlées, et j'ai compris que je ne rêvais pas : il avait un *crush* sur moi, lui aussi.

Ensuite, on s'est rapprochés de plus en plus, on s'attendait pour aller en cours, on traînait ensemble avant de rentrer chacun chez soi, on a commencé à s'inviter, surtout quand nos parents n'étaient pas là. On passait même des heures à s'envoyer des messages quand on n'était pas ensemble physiquement. Je ne pensais plus à grand-chose d'autre qu'à lui, à vrai dire, je le voyais partout, le reste de ma vie me semblait fade. Une fois, on s'est disputés, je ne sais plus à quel propos, puis une deuxième fois… Un soir, on ne s'est pas écrit. Ensuite, notre relation a repris, mais j'avais un peu peur, sans savoir ce qui se passait exactement. Je n'osais pas aborder le sujet avec lui, de crainte de le gaver. Je ne savais même pas clairement ce que j'aurais voulu lui dire en fait.

Il y a trois jours, j'ai reçu un SMS de sa part. Je ne l'ai pas effacé. De temps en temps, je le relis pour vérifier que ce cauchemar a vraiment eu lieu. Il a juste écrit : « Toi et moi, c'est plus pareil. Moi, j'arrête. » Et voilà. Lui et moi, c'est fini, tout d'un coup, et je n'arrive pas à y croire. Je suis toujours amoureuse de lui, mais il ne me regarde plus, je crois même qu'il est avec une autre fille. Qu'est-ce qui s'est passé ? Je suis en vrac.

L'explication

Une rupture amoureuse, c'est difficile à vivre à tout âge : on peut avoir l'impression que tout est de notre faute, qu'on a commis une erreur, on cherche laquelle, on refait l'histoire. Mais le passé est passé, et rejouer les événements à l'intérieur de soi, encore et encore, ne sert qu'à se faire du mal.

Tu ressens des émotions douloureuses à vivre ; ces émotions ont le droit d'exister en toi : tu peux sentir de la solitude, de l'abandon, de la colère, de l'impuissance… Peut-être ressens-tu de la culpabilité, comme si tout était ta faute. Ce tsunami intérieur rouvre sans doute des blessures plus anciennes, issues de ta petite enfance, et ravive des douleurs dont tu n'avais peut-être pas conscience.

L'autre a un Self qui lui est propre, avec des besoins, des croyances, des valeurs qui ne sont pas identiques aux tiens. Il prend donc ses décisions en fonction de critères qui sont les siens. Sa décision lui appartient. Ce n'est pas toi le problème.

Sans doute as-tu l'impression que cette relation, c'était l'amour de ta vie. À l'adolescence, on a la chance de ressentir l'amour avec une intensité particulière. Même si les histoires ne durent pas forcément, elles t'apportent de belles sensations, de précieuses expériences de vie, que tu peux garder en toi comme des richesses. La fin de cette histoire-là laisse de la place à d'autres belles choses à venir dans ta vie.

L'antidote

Tu as le droit de ressentir des émotions pas faciles, c'est OK. Accueille-les, même si ce n'est pas évident. Tu as besoin de t'écrouler sur ton lit et de pleurer dans ton oreiller ? De taper dans des coussins ? De hurler dans un lieu isolé ? Laisse sortir ce qui a besoin de sortir et qui t'étouffe, ce qui forme une boule dans ta gorge, ce qui bloque ton plexus, ce qui te fait mal au ventre.

Ces émotions existent. Toi aussi, tu existes : tu n'es pas ces émotions. Elles passent en toi, elles te traversent, plus ou moins vite, mais elles te traversent. Ton être, lui, demeure, intact.

Ce lien qui se rompt n'est pas le seul qui existe dans ta vie. Tu peux passer plus de temps avec des gens que tu aimes, tes amis, ta famille, cela facilitera la cicatrisation de tes blessures.

Tu verras que ta valeur est reconnue par des personnes qui t'apprécient ; cela t'aidera à entrer de nouveau en contact avec elles.

Au fil du temps, tu vas vivre d'autres expériences, tes émotions difficiles vont changer de forme, s'atténuer, et tu vas retrouver un équilibre intérieur, peut-être une paix, même si de la tristesse demeure.

Regarde aussi ce qui touche le « Je peureux » : tu peux te sentir piqué au vif par une rupture que tu as subie. Cette blessure-là est plus facile à cicatriser, car elle ne touche pas à ce que tu es. Elle touche le petit bonhomme sur les terres du « Je peureux », qui va te repasser l'histoire en boucle. Il va essayer de chercher tout ce que tu aurais pu faire de mal ou tout ce que l'autre aurait fait de mal. Cela te donne l'impression d'avoir du pouvoir sur la situation : ce sur quoi tu as de l'influence, ce qui se trouve dans ton espace intérieur, ce qui se passe en toi, tes émotions, tes pensées. Ici, ce qui compte est de te laisser le temps de vivre ce qui te traverse en t'entourant de gens bienveillants.

Scène de vie 33

Est-ce qu'on restera amis quand on sera loin ?

Eliott

La situation

J'ai un super copain qui s'appelle Romain. On se connaît depuis la maternelle, autant dire depuis toujours… On rigole bien ensemble, et puis on a tellement l'habitude l'un de l'autre ! Par exemple, si je ne vais pas très bien, il va le voir, le sentir. Je sais que je ne pourrais pas le lui cacher et, dans un sens, c'est réconfortant de savoir que quelqu'un comprend presque aussi bien que moi comment je fonctionne. Dans ces cas-là, il ne cherche pas forcément à savoir ce qui cloche, il me laisse décider si j'ai envie d'en parler ou pas. Mais il fait une petite remarque pour me signifier qu'il a vu que quelque chose me tracasse. Moi, je fais la même chose pour Romain. On se sent égaux, on se respecte et, quand on n'est pas d'accord, tant mieux, on discute !

Mais la semaine dernière, le monde a vacillé autour de moi. C'est comme si mes repères avaient tous changé de place. Romain m'a annoncé que l'année prochaine il irait en internat dans un lycée loin d'ici, où il y a l'option qu'il veut faire depuis toujours. Je savais qu'il avait ça en tête, bien sûr, mais d'une certaine façon, je considérais cette possibilité comme de la science-fiction. Je crois que je ne voulais pas la voir. Et maintenant, c'est si proche… On est en juin, en septembre il sera parti. Ses parents cherchent à se rapprocher de lui, ils ont demandé leur mutation.

On s'est assis dans l'herbe du parc pas loin de chez nous et, après un silence, j'ai demandé, la gorge nouée :

— Tu crois qu'on va rester amis ? Je veux dire, quand tu seras loin d'ici.

J'espérais qu'il s'exclamerait « Mais oui, bien sûr ! ». À la place, il est resté un moment silencieux. Je l'ai relancé :

— Alors ?

— Je n'en sais rien… Oui, sûrement. En fait, je n'ai pas trop envie d'y penser.

Pour la première fois, je ne le comprenais plus. Je me suis senti terriblement seul.

— C'est juste que je suis bien, là, maintenant, a-t-il continué. Je n'arrive pas à me projeter. On verra bien…

« On verra » ? Mon ami de toujours me dit « On verra » ?

L'explication

Certaines amitiés, notamment celles qui nous accompagnent depuis l'enfance, comptent beaucoup. Un sentiment de dépendance peut naître dans ce type de lien, comme si, sans lui, nous n'allions plus exister, ou plus de façon aussi intense. Tant de phases de la vie ont été vécues ensemble ! Un peu comme si chacune des deux personnes était le témoin privilégié de l'existence de l'autre.

La perspective de voir une telle amitié en danger peut mettre en lumière une certaine insécurité, rendre plus compliquée la capacité à se rassurer soi-même. Cela crée ou révèle une fragilité : la peur de perdre une personne très chère. Et puis tout à coup, c'est le caractère impermanent des choses qui s'impose, le fait que tout finit un jour.

Ce sentiment d'insécurité intérieure existe, certes, mais il ne signifie pas du tout que la relation est terminée dans le monde réel. Elle peut changer de forme, se réinventer, avec des messages, des vacances passées ensemble, et des échanges sur les nouvelles activités de chacun.

L'antidote

La peur est un sentiment qui se crée à l'intérieur de toi dans certaines circonstances. Regarde-la, reconnais-la et laisse-la passer comme un nuage dans le ciel. Si elle s'installe, tu pourrais, sans t'en rendre compte, de façon inconsciente, créer la réalité que tu redoutes le plus : un éloignement intérieur d'avec la personne que tu aimes beaucoup. Comme tu as peur de souffrir, ton « Je peureux » te parle de tout un tas de scénarios catastrophe. Des scénarios où tu risques par exemple d'être déçu ou triste. Tu développes une sorte de radar qui détecterait tous les petits mots et attitudes qui t'amèneraient à vivre ces émotions désagréables.

Ton «Je bienveillant» peut t'aider à déprogrammer ce radar en t'amenant à regarder l'autre différemment.

Parfois, on projette (cf. p. 47) des intentions sur l'autre, on colore son attitude de sentiments qu'il n'éprouve pas. Ainsi, il est possible que Romain, dans la situation que nous t'avons racontée, ait juste envie de profiter du moment présent, et qu'il soit confiant dans la poursuite de son amitié avec Eliott, sans éprouver le besoin de formuler sa certitude ou sans avoir envie de se projeter dans l'avenir.

Si tu as ce besoin d'extérioriser ce que tu ressens, parle de tes émotions, de ton envie de garder un lien d'amitié avec la personne qui va s'éloigner. Tu peux lui dire combien elle est importante pour toi, et qu'elle pourra compter sur toi, même si vous allez vivre à une certaine distance l'un de l'autre.

Profite de l'ici et maintenant. Le futur n'est pas encore là, et tu ignores de quoi il sera fait, alors que le moment présent est entièrement à toi, il est précieux, unique. Si ton inquiétude est trop grande pour te laisser cet espace de liberté, prends le temps de respirer par le ventre en de longues inspirations et expirations, qui t'aideront à lâcher prise et à revenir à toi.

CHAPITRE 5

L'ESPACE LOINTAIN : MOI ET LE VASTE MONDE, CELUI DES ADULTES

Scène de vie 34

J'ai peur de mes futures responsabilités d'adulte

Ilana

La situation

Quand je regarde les adultes autour de moi, leur façon de vivre me donne le tournis. J'ai l'impression qu'ils sont sans arrêt happés par des soucis, des choses urgentes à faire, des problèmes à régler. Le soir, ma mère parle souvent de ses chefs au travail qu'elle trouve trop durs, elle n'a pas l'air heureuse de ses journées. Mon père se demande s'ils arriveront à rembourser le crédit de la maison, comment ils vont finir le mois avec l'argent qu'ils ont sur leur compte et, moi, ça m'angoisse à force de l'entendre ! Côté études, ils me tannent dès que j'ai une mauvaise note, comme si c'était la fin du monde, comme si je n'étais pas à la hauteur de leurs espérances. Oh, bien sûr, je les vois aussi s'amuser parfois, mais pas très souvent. Ils sont fatigués par leur vie quotidienne : le boulot, mais aussi les lessives, la voiture qui tombe en panne et qu'il faut faire réparer… Comme si leur vie était un parcours d'obstacles.

Et s'il ne s'agissait que de mes parents ! Leurs copains, mes oncles et mes tantes, même les profs, presque tous ont l'air sérieux ou carrément inquiets. C'est ça, être adulte ?

Et dire que moi, je ne sais même pas ce que je veux faire comme métier, plus tard ! Qu'est-ce qui me plairait vraiment ? Et toutes ces responsabilités à assumer, je ne suis pas sûre que ça me fasse envie. En fait, j'en ai carrément peur ! Passer le permis, réussir mes études, puis aller à des entretiens d'embauche et être choisie, gagner assez d'argent pour vivre… Comment est-ce que je vais faire tout ça ? Est-ce que j'en suis capable ? Est-ce que j'en ai envie ? Est-ce que je trouverai ma place dans la société ?

L'explication

Tu es dans l'adolescence, une phase de transition entre enfance et âge adulte. Pour te représenter le monde, apprendre à mieux le connaître, tenter de le comprendre, tu regardes ton entourage, tes parents, ta famille élargie, tes professeurs... C'est bien normal. Tu te fais une idée du monde et de l'avenir en fonction de leur façon à eux d'être au monde. Tu entends peut-être tes proches dire que la vie d'adulte présente des difficultés, qu'ils ont des responsabilités. Ils ont peur pour toi et t'expliquent que pour réussir dans la vie, pour mettre toutes les chances de ton côté, il faut que tu travailles à l'école, que tu aies de bonnes notes. Alors toi, tu te mets la pression, tu risques de te dire « Si je n'ai pas de bons bulletins, je suis fichu, ma vie d'adulte va être compliquée ». Tu t'inquiètes aussi, comme Ilana, pour toutes ces étapes que sont le permis, les entretiens d'embauche... alors qu'à ton âge il n'est pas encore question de tout cela.

Peut-être as-tu peur de devenir adulte ? Peut-être n'en as-tu pas envie ? Tu pourrais vouloir que la société soit différente, ne pas devoir traverser les moments successifs de la vie tels que tu les anticipes dans une sorte de raccourci qui, vu de cette façon, ne te fait pas rêver.

Une première chose importante à comprendre est qu'il y a un principe de réalité : tu vas grandir et devenir adulte. Tu vas devoir passer des étapes et respecter certaines contraintes. Tu vas aussi devoir faire des choix, devenir peu à peu responsable de ta vie.

Il est donc essentiel que tu acceptes cela, à ton rythme, même si ça te fait peur ou que tu n'es pas d'accord.

La bonne nouvelle, c'est qu'en grandissant tu vas développer des ressources psychiques qui te permettront d'être plus à l'aise dans chacune des phases. Souviens-toi : quand tu avais 5 ans, tu avais peur de choses que tu fais maintenant sans y penser : rester seul quelques heures à la maison, t'endormir dans une chambre obscure, traverser la route sans tenir la main de qui que ce soit…

De plus, la situation décrite par Ilana présente une manière de percevoir le monde propre aux adultes de son entourage. Ce n'est pas la seule façon de vivre l'âge adulte. D'autres personnes exercent un métier qui les passionne, certaines sont heureuses de vivre au milieu de la nature, il y a des mamans et des papas qui s'épanouissent dans leur rôle de parents…

L'antidote

Ce que tu as envie de vivre dans ta vie t'appartient. Vouloir être heureux et épanoui dans son existence est le plus bel objectif que l'on puisse se fixer.

Focalise-toi sur le moment présent : ta vie se passe ici et maintenant. L'avenir n'est pas écrit, tout est possible. En attendant, concentre-toi sur ce que tu ressens, aujourd'hui, comme bon pour toi.

Grandir, c'est devenir peu à peu autonome. Félicite-toi de tout ce que tu accomplis dans ta vie, déjà maintenant, par toi-même. Revenir régulièrement au moment présent, à ce que tu vis ici et maintenant, est le meilleur des antidotes.

Nous te proposons un exercice pour apaiser tes angoisses en te focalisant sur ce qui t'appartient pleinement : ce qui se passe à l'intérieur de toi. Ici et maintenant, tu vas pouvoir mettre un éclairage optimiste sur ce que tu veux pour toi dans ta vie, grâce à ton imagination, à ce que ton cœur t'inspire. Tu peux le réactualiser régulièrement en fonction de ton évolution. Ainsi, tu peux prendre un joli carnet et y noter comment tu souhaites que soit ton avenir :

- qui tu veux être plus tard ;
- ce que tu as envie de vivre, de ressentir, d'expérimenter.

Imagine-toi dans ta future existence. Écris tout cela au présent. Prends ton temps, sois précis, cela t'aidera à visualiser tes souhaits.

Quand tu sentiras la peur de l'avenir, quand tu seras agacé par la peur de tes parents pour plus tard, lis ce que tu as noté dans ce cahier. Cela te replongera dans ton espace intérieur, celui où tu as entièrement le choix, puisque c'est en toi. Cela t'aidera à t'apaiser.

Scène de vie 35

Je ne comprends pas la violence du monde

Maxime

La situation

Je scrolle souvent sur les réseaux sociaux et j'y vois défiler des catastrophes en tout genre : des attentats, des guerres dans plusieurs pays avec des morts, des blessés, des enfants dont l'école a été bombardée, comme si la violence était absolument partout et ne s'arrêtait jamais. Lorsque mes parents allument la télévision, c'est à peu près la même chose : où que je pose mes yeux, l'information est toujours noire, effrayante, terrible. En cours d'histoire, ce n'est pas mieux ! On parle de la Seconde Guerre mondiale et des atrocités qui s'y sont déroulées, de l'esclavage – comment est-ce qu'on peut traiter des gens comme des objets ? –, et j'en passe. Autour de moi, je vois bien qu'il réside toujours de nombreuses inégalités, et que les femmes, par exemple, en sont touchées. Et même dans les plus « petites choses de la vie », les gens ont recourt à la violence, par exemple, quand des automobilistes s'injurient, voire se battent, parce que l'un des deux n'a pas cédé la priorité à l'autre, ou d'autres raisons de ce genre… Je ne suis pas un ange, mais c'est trop, toute cette noirceur autour de moi. Je me sens révolté, mais aussi impuissant. À quoi bon vivre dans un monde aussi dur ? Quel est l'intérêt ? Ça tourne en boucle dans ma tête, je me sens agressé de partout sans savoir comment je pourrais adoucir les choses. Est-ce que ça va durer tout le temps comme ça ? Les humains sont-ils capables de mieux ? Existe-t-il une réponse à toutes ces questions que je me pose ?

L'explication

C'est vrai, le monde a sa part de violence. Il n'est pas facile d'en être témoin sans pouvoir agir : tu peux en ressentir de l'impuissance ou du désespoir, de la colère et une envie de révolte.

Ça te fait mal dans ton cœur, c'est un tourbillon sans fin, tu vois la violence, tu te poses un tas de questions, et tu finis par ressentir toutes ces émotions désagréables dont on vient de parler. Ces dernières engendrent à leur tour des pensées sombres. La violence s'est immiscée à l'intérieur de toi.

À l'adolescence, tu es aux prémices de ta vie, tu fais ton entrée dans le monde. On t'a sans doute enseigné de nombreuses valeurs telles que le respect de l'autre, la politesse, peut-être même la bienveillance envers ceux qui t'entourent. Tout cela te semble logique et sain mais, paradoxalement, ces belles valeurs ne sont pas partagées par tout le monde.

L'antidote

Ce que les autres vivent te touche, la souffrance notamment : tu as un grand cœur. Ta révolte est tout à fait légitime. Simplement, si tu la laisses agir encore et encore en toi, elle risque de te faire souffrir à ton tour.

Nous te proposons de revenir au niveau de ton espace intérieur, celui qui correspond à ton monde interne, car tu peux y décider quel climat tu veux faire régner en toi.

C'est toi qui décides ce que tu as envie de penser, car c'est toi qui penses. Tu peux ainsi choisir de te laisser envahir par ce qui te heurte dans la violence du monde, ou au contraire de regarder ce qui se fait de beau dans le monde, les gens qui agissent pour le bien, la force de la nature…

Et si l'amour était la réponse à tes questions ? Il est d'une puissance inconditionnelle, il est le meilleur des antidotes. Il peut prendre de multiples formes : amitié, amour pour les membres de ta famille, pour un amoureux ou une amoureuse, pour la nature, pour une personnalité publique dont tu apprécies les valeurs et la façon de se comporter, pour un animal… et ce ne sont que des exemples. Nous t'invitons à cultiver cet amour à l'intérieur de toi pour t'aider à dissiper ce qui te fait si mal.

Scène de vie 36

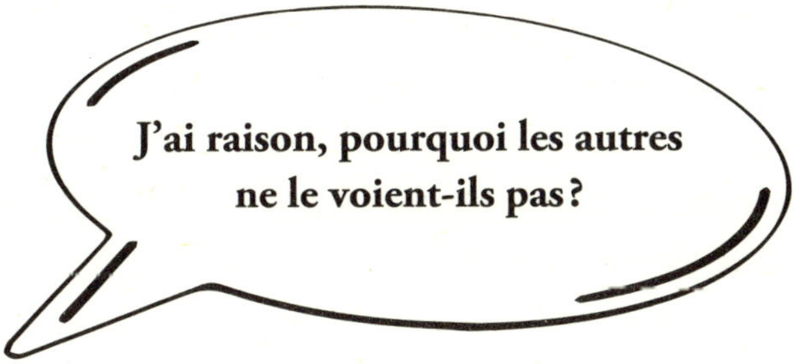

Zoé

La situation

Il y a urgence à changer les mentalités, pourquoi les autres ne le voient pas ? Je m'intéresse énormément au monde qui m'entoure. Je ne peux pas faire autrement, en fait, c'est comme s'il me sautait sans arrêt au visage. Du coup, c'est important pour moi de discuter avec des copains et des copines de sujets qui me tiennent à cœur, par exemple celui des normes qu'on impose à notre corps, comme s'il devait être identique à ceux des publicités. Mais on ne mesure pas toutes 1,80 m, on ne met pas toutes une taille 36 ! Et alors ? En quoi ce serait un problème ? Et si, moi, je suis ronde, est-ce que ça veut dire que pour la société je ne corresponds pas aux normes, donc que je ne suis pas intéressante ? C'est douloureux, ça ! Ce qui m'étonne, c'est que tout le monde ne pense pas comme moi. À vrai dire, j'ai du mal à l'accepter. Les gens devraient être d'accord avec moi, non ? Ce que je pense paraît tellement évident ! Eh bien, il faut croire que ça ne l'est pas pour tout le monde. Je connais des filles qui rêvent de maigrir pour rentrer dans un maillot de bain taille mini, des garçons qui me disent « Ben oui, moi je préfère les grandes filles minces, et alors ? ». Et alors… ça me révolte. Parfois, je me fâche pour de bon au lieu d'argumenter, ou je boude, parce que je trouve que les autres ne pensent pas comme ils le devraient et que je n'arrive pas à les convaincre. C'est tellement frustrant ! Et c'est la même chose pour la place des femmes dans les différents pays, la nécessité qu'elles soient libres d'apprendre, de circuler seules en sécurité, d'exercer un métier, d'être indépendantes financièrement… Que de chantiers sur lesquels je voudrais que les choses avancent, dans le pays où je vis, mais aussi partout dans le monde. Je voudrais que tout le monde comprenne ça, qu'on se mobilise tous !

L'explication

Toutes ces questions que tu te poses à propos du monde tournent souvent dans ta tête ! C'est un peu comme si ton esprit habitait en permanence l'espace lointain, un espace d'inertie, celui du « vaste monde », où l'on n'a que très peu d'influence.

Surinvestir ainsi cet espace amène un fort sentiment d'impuissance. Pour y remédier, tu as trouvé un combat : convaincre ou persuader les autres que tu as raison. Adopter cette stratégie éloigne ton sentiment pénible d'impuissance.

Toutefois, ta vision du monde en est ton interprétation, ce n'est pas « le monde » tel qu'il existe vraiment, dans toute sa diversité. Il est impossible que tous ceux avec qui tu débats soient d'accord avec toi, et cette impossibilité de convaincre tous tes interlocuteurs te ramène une fois de plus vers cette impuissance, cette frustration si difficile à tolérer parfois.

Et puis, comme Zoé, tu finis par te fâcher. Tes proches et toi ne partagez plus de discussion tranquille, vous n'échangez plus vos points de vue sur d'autres sujets ou sur vos vies, vos ressentis. Ce combat titanesque prend beaucoup d'espace en toi et dans tes relations.

Tu as toute la place pour penser ce que tu veux, défendre ce qui te tient à cœur. Simplement, l'autre aussi dispose d'une place, et tu ne peux pas le forcer à réfléchir de la même façon que toi, ni à avoir les mêmes priorités. Si l'autre a un avis différent, il ne prend pas ton espace, il expose simplement le sien.

Tu pourrais te sentir en confluence (cf. p. 47) avec l'autre, ton Self se mêle en partie au sien, tu voudrais que vos avis ne fassent plus qu'un. Or, pour une communication saine et fluide, il est important que les frontières de chaque Self soient bien distinctes.

L'antidote

Tout d'abord, il est intéressant que tu remarques ces moments où tu t'embarques dans ce combat pour avoir raison. Alors, sans te juger, tu peux te poser ces questions : est-ce vraiment ce que je veux, là, m'emporter contre cette personne que j'aime bien ? Et si j'écoutais son point de vue ? Et si je lui exposais ce que je pense sans chercher à ce qu'elle tombe d'accord avec moi ? Observe ce que ces questionnements intérieurs produisent dans ton esprit, tes émotions et ton corps. Peut-être vas-tu sentir moins de tension, respirer plus facilement. Peut-être aussi faudra-t-il que tu répètes cette expérience plusieurs fois pour te rendre compte qu'elle t'aide à te détendre.

De plus, sache qu'inspirer vaut mieux que convaincre. Si tu veux par exemple que chacun se sente bien dans son corps, commence par être bien dans le tien : cela donnera envie aux autres de ressentir la même chose que toi, ils seront inspirés par le bien-être que tu dégages inconsciemment.

Scène de vie 37

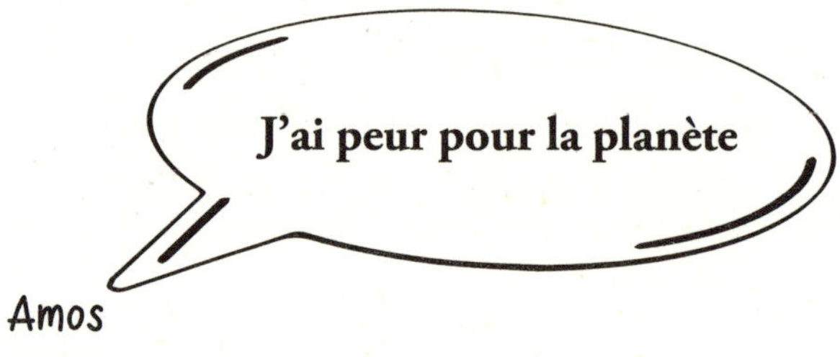

La situation

Il y a trois mois, j'ai décidé que je roulerais à vélo chaque fois que je pourrais, ou que je circulerais à pied ou en transport en commun. Chaque fois que des gens de ma famille, ou des parents de copains, veulent prendre la voiture alors qu'on pourrait faire autrement, je pense à la pollution qu'on va émettre, et ça me rend malade. On fait du mal à la planète, tout le monde le sait, et pourtant on agit comme si ça n'existait pas, ou comme si ça n'avait pas d'importance. Mais on n'a pas de plan B ! La Terre, c'est notre maison. On ne pourra jamais habiter sur la Lune, ou sur Mars, ou je ne sais où ailleurs dans l'univers. Notre planète est merveilleuse, ni trop chaude ni trop froide, son atmosphère est respirable, il y a des arbres, des animaux… Enfin, pour l'instant ! Nous, les jeunes, on va hériter du réchauffement climatique, sans compter toutes les espèces animales qui ont déjà disparu ou qui sont en danger de disparition, comme les éléphants, les grands singes, plein de sortes d'insectes… Parfois ça me donne envie de hurler. Quand est-ce qu'on va finir par bouger ? Quand ce sera trop tard ? Personne ne fait rien, ou presque, alors que tout le monde est au courant de ce qui se passe depuis des dizaines d'années – oui, oui, j'ai vu des émissions d'archives, j'en suis sûr. Ne pas prendre la voiture, si tout le monde le décide, ce serait déjà ça, mais ça ne va pas suffire à sauver le monde. Qu'est-ce que je peux faire ? Lancer une pétition ? Un blog pour alerter les jeunes ? Appeler à manifester ? Et les gens qui dirigent les pays, ce ne serait pas aussi à eux de nous aider à limiter la casse ? Je me sens si impuissant devant l'urgence…

L'explication

Aujourd'hui, au niveau mondial, des consciences s'éveillent à propos du bien-être de notre planète. Ta prise de conscience à toi, si forte et nécessaire, s'ajoute à des millions d'autres. Pour autant, ta manière de penser à l'avenir de notre planète est nourrie par tes peurs : la peur de la fin de la vie sur Terre, la peur de souffrir, par exemple. Ces peurs créent une forte anxiété en toi, que l'on nomme «éco-anxiété». Bien sûr, tu te fondes sur des faits bien réels, qui parlent de la souffrance de la Terre et de la façon dont nous, les êtres humains, utilisons ses ressources sans la préserver suffisamment. Toi, ça te touche, ça te fait même mal au cœur.

Et puis tu observes que les gens ne ressentent pas tous une inquiétude aussi forte que la tienne. Tu ne comprends pas pourquoi l'urgence d'agir pour protéger la Terre n'est pas évidente pour tout le monde. Pourtant, la menace sur les équilibres naturels est si visible autour de nous : hausse moyenne des températures, réchauffement des océans, fréquence plus grande des événements climatiques extrêmes comme les cyclones… Elle est également présente dans le discours des scientifiques qui alertent sur ce sujet depuis des années, et même depuis des décennies ! Tu en ressens de l'incompréhension, de l'impuissance, de la colère ou de la déception. Tout cela a lieu sur toute la surface de la Terre, et tu sens le peu d'influence que tu peux avoir, alors tu angoisses, tu déplores que les consciences ne s'ouvrent pas assez vite.

Ce qui se passe aussi, c'est que tu ne retrouves pas tes valeurs dans la façon dont les individus, les entreprises et les dirigeants de ce monde se comportent. Tu ne parviens pas à trouver en ce qui se passe aujourd'hui une dynamique qui correspondrait à ce qui compte pour toi.

L'antidote

La peur est un frein au bonheur, mais aussi à l'avancée du monde. Elle engendre de l'anxiété et un sentiment d'impuissance pour certains, de l'évitement pour d'autres, qui font comme si tout allait bien faute de savoir comment agir. Ton angoisse ne fait pas de bien à la planète, elle t'empêche de voir tout ce qui peut l'aider et tous ceux qui œuvrent pour elle. Tous ces gens, ces peuples qui considèrent que la nature est précieuse, comme toi. Cette angoisse te fait regarder le monde en noir, c'est ton «Je peureux» qui réagit, constituant un facteur de paralysie. Tu peux rassurer le petit bonhomme grincheux qui habite en toi sur les terres du «Je peureux», lui dire que c'est bien qu'il prenne soin de toi mais qu'il peut se reposer et prendre moins de place. Alors, ton «Je bienveillant» aura davantage d'espace pour vivre les choses plus sereinement et s'engager dans des gestes positifs, depuis les bonnes habitudes individuelles du quotidien jusqu'aux actions collectives. Tu pourras décider plus librement de ce que tu peux faire à ton niveau, en y prenant plaisir.

Si tu veux agir pour la planète, commence par ta météo intérieure : regarde tes valeurs et comment tu peux mener ta vie et tes projets en fonction d'elles. Chaque petit pas est important en lui-même, parce que tu montres par tes actes qu'un chemin existe. Par exemple, tu peux commencer à faire un bout de jardin en te documentant sur la permaculture : aujourd'hui, il est possible de créer la vie par les plantes partout, même sur un balcon ou dans des pots accrochés à une fenêtre. Quand tu feras ta récolte de tomates cerises ou de fraises, tu pourras te féliciter d'avoir créé un circuit ultracourt tout en te faisant plaisir. Tu constateras combien la nature crée de belles choses grâce à toi, grâce à l'énergie que tu lui apportes en l'arrosant. Il y a mille astuces, mille actions possibles ; fais celles qui sont à ta portée, sans culpabiliser de ne pouvoir porter le monde entier sur ton dos.

Scène de vie 38

Je trouve que l'école, ça ne sert à rien

Lola

La situation

Je passe une énorme partie de mon existence en classe. Il y a des cours de français, de langues, de maths et un tas d'autres matières. Dans chacune, un ou une prof m'impose des trucs à apprendre, des devoirs à rédiger... Et puis, on nous met des notes, souvent on nous compare les uns aux autres. Donc au final, il y a les bons élèves et les moins bons. Les profs préfèrent les bons, en général. Je ne suis pas de ceux-là. Mais si je fais des efforts et que je n'y arrive pas, ça ne compte pas ? J'ai l'impression d'être la note qui est écrite sur mon devoir. Le pire, c'est que dans certaines classes, les bons élèves sont mal vus par les autres, ils sont mis à l'écart. Alors, que faut-il faire pour être acceptée à la fois par les adultes et par les gens de mon âge ? C'est quoi, la recette ? Et si j'ai juste envie d'être moi-même ?

L'autre truc, c'est que je ne vois pas forcément à quoi ça sert, tout ce qu'on me demande d'avaler. Je dois avoir une tête bien remplie, c'est ça ? Et si, moi, j'ai plutôt envie qu'on parle des questions que je me pose tous les jours sur mon corps, l'amitié, l'amour ? Et sur le monde autour de moi ? Ça ne compte pas ? Au fond, j'ai l'impression que ça ne sert à rien d'aller en classe. Même ceux qui n'ont pas le niveau passent, et ensuite certains sont perdus… J'ai peur que ça finisse par m'arriver. Parfois je me demande si ce n'est pas une sorte d'usine à fabriquer des gens qui vont travailler dans les entreprises, bien sagement, sans poser trop de questions, ou bien juste quand on leur dira de lever la main. J'ai déjà entendu certains adultes dire des trucs comme ça. J'ai aussi vu des parents qui n'étaient pas d'accord avec un prof, et qui criaient. Qui a raison ? Qui a tort ? Comment savoir ?

L'explication

L'école est comme une société en miniature : elle inclut des personnes élues ou employées pour décider comment les choses vont se passer pour les élèves – en principe dans leur intérêt – aux différents niveaux de l'organisation (emploi du temps, cantine, règlement intérieur, etc.).

À l'image des êtres humains, l'école est imparfaite, et il arrive qu'il y ait un décalage entre l'évolution des connaissances concernant les besoins des élèves, et l'adaptation du système à ces besoins. Maurice Godelier, anthropologue, pense que ce décalage conduit les systèmes à changer en dernier, alors que les individus évoluent en premier. Toi, qui ne te sens pas en phase avec ce que te propose l'école, tu ressens ce décalage.

Une chose est sûre en revanche : passer ton temps à critiquer, à résister à ce qui existe ici et maintenant, te fait souffrir car tu subis la situation. En tant qu'adolescent, ta liberté de choix n'est pas aussi grande que celle d'un adulte ; tu subis forcément une partie de ta réalité intérieure, car tu ne peux pas encore décider de tout toi-même. Alors peut-être te sens-tu coincé dans cette situation, et ça te révolte ou te peine. Il est toujours possible néanmoins d'accepter une part de ce qui se passe pour toi à l'extérieur de toi, dans le fonctionnement de la société. Cela ne veut pas dire être d'accord, mais arrêter de résister à ce qui est là dans l'ici et maintenant et que tu ne peux pas changer.

L'antidote

Il y a de nombreux avantages à être adolescent : c'est l'âge parfait pour vivre intensément l'amitié, l'amour, pour se projeter avec joie dans tout ce qu'il est possible de vivre. Il est important que tu en prennes pleinement conscience et que tu apprennes à savourer ce vaste champ de possibilités d'expériences positives.

Les notes ne te définissent pas, elles ne sont pas une jauge de ta valeur. Ici et maintenant, tu peux choisir l'importance que tu leur donnes. Et si certains adultes autour de toi font l'amalgame entre ce que tu vaux en tant qu'être et la note qu'un professeur te donne, ça leur appartient ! Toi, tu es libre de considérer ces évaluations comme ce qu'elles sont : un simple repère de ta progression scolaire dans telle ou telle matière.

Ton esprit s'ouvre et s'aiguise. Tu as envie d'une autre façon d'apprendre, d'autres nourritures pour ton avenir que celles qu'on te propose. Tu as toute la vie pour découvrir ce qui te correspond, on peut apprendre à tout âge. Laisse de côté les imperfections du système et regarde ce qui pourrait être intéressant pour toi. Dans chaque matière, il y a des choses à apprendre, à comprendre. Ton « Je bienveillant » peut t'aider à trouver cet intérêt de la connaissance, cette curiosité intellectuelle qui te servira toute ta vie et t'apportera du plaisir dans chaque découverte.

Scène de vie 39

Je trouve que les règles fixées par les adultes sont injustes

Baptiste

La situation

Quand j’étais petit, je dépendais de mes parents pour tout. Maintenant, j’ai grandi, moi je le sais, mais eux, est-ce qu’ils s’en rendent compte ? Je n’en suis pas sûr. Ils exigent que je demande la permission pour presque tout : aller au skatepark avec des copains, faire mes devoirs quand je le souhaite – sachant que je les fais toujours –, bref, organiser ma vie... Je voudrais sortir quand je veux et rentrer à l’heure que je veux, je suis raisonnable, quand même ! J’ai l’impression que la plupart des adultes se croient supérieurs à nous, les ados. En même temps, je ne les trouve pas toujours logiques ! Souvent, ils me disent qu’il faut faire les choses comme ça et pas autrement, or, eux, ça ne les gêne pas de ne pas suivre leurs propres directives ! Un exemple ? Quand ils conduisent, ils dépassent souvent la vitesse autorisée sauf quand un radar est annoncé, ils ne s’arrêtent pas complètement aux « stop », ils râlent quand une voiture avec un « A » ne va pas assez vite à leur goût, etc. Ils ne montrent pas l'exemple, même quand il y a une règle à suivre. Et quand j'essaie d'argumenter, quand je fais une remarque, je ne me sens vraiment pas écouté. Quoi que je dise, ils se braquent. Comme si je les remettais en question. J'essaie juste de trouver la logique. Parfois, il y a un adulte qui écoute ce que j'ai à dire, qui me prend au sérieux, mais ce n'est pas souvent. Il faut attendre d'avoir quel âge pour ne plus être traité comme un gamin ? C'est insupportable ce monde illogique où le plus fort a raison. Je me sens tellement à la merci des injustices, c'est insupportable. Est-ce que je deviendrai comme ça quand j'aurai leur âge ?

L'explication

Le rôle des parents est de veiller sur leurs enfants, de leur apporter de l'amour, d'accueillir et de contenir leurs émotions, de leur poser de saines limites pour les aider à grandir le plus harmonieusement possible.

Les jeunes enfants, souvent, acceptent cette autorité, qu'ils considèrent comme naturelle : un enfant a besoin des adultes pour se développer, aussi bien d'un point de vue matériel qu'émotionnel. De nombreuses expériences l'ont prouvé : les relations humaines sont aussi vitales pour un nourrisson que boire et manger.

Lorsque l'enfant grandit et devient adolescent, petit à petit ses relations avec les adultes se modifient. Ta capacité logique et ta faculté de raisonnement s'affinent, et tu réalises que les adultes ne sont pas ces êtres tout-puissants que tu imaginais quand tu étais enfant : ils ont eux aussi leurs failles. Leur rapport au monde ne correspond pas toujours à tes valeurs, ce qui te met en difficulté : tu aimes tes parents, mais tu es parfois en désaccord avec eux, et il n'est pas évident d'échanger avec eux à ce sujet.

L'adolescence est aussi une période compliquée pour toi, car à certains moments tu peux avoir besoin de soutien, de réconfort, comme quand tu étais enfant, et à d'autres moments tu te sens de plus en plus adulte, tu éprouves l'envie de faire tes propres expériences, tu te sens capable de gérer davantage ta vie selon des règles qui te semblent justes, même si tu es encore sous la responsabilité légale de tes parents.

L'antidote

Quand tu observes des comportements que tu désapprouves, prends le temps d'analyser ce que tu vois, les émotions que tu éprouves… Est-ce que ce sont tes valeurs qui sont heurtées ou tes sentiments ? Ou peut-être les deux ? Par exemple, un adulte qui ne respecte pas les limites de vitesse alors qu'il demande aux autres de le faire, cela peut te sembler illogique, mais aussi injuste, à un autre niveau. Clarifier cela t'aidera à bien identifier ce qui te choque.

Si tu exprimes à tes parents ton désaccord avec certaines de leurs actions, surtout si elles te concernent, tu seras davantage écouté si tu t'exprimes à un moment où tout le monde est calme (donc après coup), et si tu ne mets pas en cause leur propre façon d'être. Exprime ce qui est important pour toi, ce qui compte pour toi dans ton rapport au monde : dis « Je ». Par exemple, s'il s'agit de la conduite et que tu es en période de conduite accompagnée, tu peux insister sur le fait que tu souhaites respecter les limites de vitesse par souci de sécurité, et non par peur d'avoir une amende. Ainsi, tu parles de toi, sans mettre les adultes en défaut dans leur propre comportement, et ce sera plus facile pour vous d'échanger sereinement. Tu peux utiliser la communication consciente expliquée au chapitre 2, pages 52 et 53. En effet, une communication sereine est une preuve de maturité émotionnelle. Même si tu n'y parviens pas tout le temps, essaie aussi souvent que possible. Ainsi, le lien sera préservé, et tu pourras exprimer tes valeurs sans craindre de mettre les adultes en difficulté dans ce qu'ils sont.

Pour l'organisation de ton emploi du temps, tu peux préparer des arguments et les soumettre aux adultes une fois que tu es bien au clair. Par exemple, si tu penses que tu peux faire tes devoirs à tel moment et donc voir tes amis à tel autre, tu peux passer une sorte de contrat et veiller à le remplir. Cela renforcera le lien de confiance et te guidera en douceur vers davantage d'autonomie. Si cette démarche n'est pas envisageable tout de suite, garde en tête que tu es un adulte en devenir, qui mûrit, et que peu à peu tes qualités trouveront à s'exprimer dans le monde.

Scène de vie 40

Je suis accro aux réseaux sociaux

Fatoumata

La situation

J'ai grandi avec les réseaux sociaux. Je connais parfaitement leurs fonctionnalités. Les adultes le savent : souvent dans ma famille quelqu'un me demande comment faire des effets spéciaux sur une plateforme, comment reposter un message sur un réseau, modifier un fond, créer des effets… Tout ça ne doit pas être évident pour eux ! Parfois j'aime bien expliquer, et parfois ça m'agace : je l'ai déjà fait dix fois et il faut recommencer parce qu'ils ont oublié le mode d'emploi, et moi, ça me semble tellement évident. Comme quoi, apprendre n'est pas simple ! Je ne sais pas s'ils s'en rendent compte, les adultes, quand ils sont déçus parce que j'ai eu une note plus basse que d'habitude.

Donc, comme j'ai grandi avec les réseaux sociaux, j'y suis super à l'aise. Je prends souvent des selfies, toute seule ou avec mes copines. Je scrolle dès que je m'ennuie aussi. Mais à force d'y passer des heures, je me demande si je ne perds pas mon temps. Parfois, c'est sympa, je découvre des informations qui m'intéressent ou j'échange avec les gens que je connais. D'autres fois, je m'égare dans des vidéos qui ne m'apportent rien, je vais de l'une à l'autre au hasard. Même si je me dis que je perds mon temps, c'est plus fort que moi, j'y retourne. Et quand le nombre de mes *followers* baisse sur un compte, je me sens déçue, comme si je n'étais pas à la hauteur de ce que les autres attendent.

Même dans la rue, parfois, je reçois une notification et, hop, je sors mon portable de mon sac pour découvrir de quoi il s'agit. C'est un peu comme un fil à la patte. Comme si j'étais accro, en fait, et je n'aime pas trop ça. Presque tous les gens de ma génération sont comme moi. Parfois, je me dis que, si j'arrivais à ne plus traîner sur les réseaux, ça couperait un lien avec mes copains et copines.

L'explication

Le fait d'être souvent sur les réseaux sociaux peut être considéré comme une forme d'addiction. De très nombreuses personnes y passent beaucoup de temps et tout y est d'ailleurs conçu dans ce but. Le mécanisme psychique du « circuit de la récompense » – qui concerne tous les mammifères et pas seulement les êtres humains – y joue un rôle important. L'augmentation du nombre de *followers* sur un réseau social active ce fameux circuit et libère dans le cerveau de la dopamine, un messager chimique qui nous fait éprouver du plaisir. On cherche alors à revivre l'expérience, encore et encore, afin de retrouver cette sensation agréable.

En même temps, ton intuition t'envoie différents messages. Cette intuition est précieuse, car elle est reliée directement à ton Être, elle en est l'expression. Ainsi, quand elle te dit que tes relations avec tes amis sur les réseaux sont des liens importants pour toi, elle te délivre le message qu'il se passe quelque chose de positif pour toi. En revanche, quand tu ressens une vague d'ennui, c'est que quelque chose en toi n'est pas en accord avec tes actes.

Par ailleurs, tes compétences dans l'utilisation du smartphone et de l'ordinateur sont reconnues. Elles te mettent dans une position qui n'est peut-être pas si fréquente pour toi : celle d'être sollicité par des adultes pour expliquer, donner des conseils, montrer un fonctionnement. Tu endosses alors un rôle nouveau, ta place dans le monde s'en trouve modifiée.

L'antidote

Écoute ton intuition. Tu peux la reconnaître au fait qu'elle s'exprime « en direct », en lien avec tes ressentis, et non par l'intermédiaire d'une pensée. C'est par exemple une sensation de confort ou d'inconfort dans le corps, l'impression d'être à ta place ou au contraire de ne pas y être… L'intuition est un guide puissant, si tu apprends à l'écouter.

Si ce n'est pas le bon moment pour toi pour discuter, les outils informatiques te permettent de choisir la plage de temps où tu es disponible et où l'échange a des chances d'être de meilleure qualité. L'arrivée d'une notification ne signifie pas que tu es en retard ou que tu dois répondre dans l'instant. Tu décides en toi de ce qui est bon pour toi, et tu peux cultiver cette liberté tout en respectant celle de tes interlocuteurs.

Nous t'invitons à t'aider du cycle de Zinker (cf. p. 53) : les phases de retrait sont importantes pour faire émerger des sensations issues de besoins ou de désirs. Ainsi, ne reste pas en permanence au contact, car tu te couperais de ces phases essentielles de retrait. Crée de l'espace pour autre chose dans ta vie. Laisse venir tes aspirations.

Quand tu te retrouves en position de « professeur », profite de cette expérience pour regarder comment tu la vis et comment tu la fais vivre à la personne qui te demande conseil. Est-ce que tu fais preuve de patience et de pédagogie ? Est-ce que tu t'impatientes, comme certains enseignants le font peut-être avec toi ? Si tu ne te sens pas disponible pour aider sur le moment, donne quand même ton accord, mais propose un créneau où ce sera plus confortable pour toi et où tu pourras être à l'écoute, tout à fait présent.

Scène de vie 41

Courir tout le temps, ça me stresse

Clovis

La situation

Dans ma vie, tout va à cent à l'heure. Ça commence dès le matin. Je me réveille super tôt pour aller en cours, il faut émerger en deux secondes, ne pas oublier d'affaires pour la journée, j'ai le ventre tellement noué que je ne peux rien avaler. Si je rate le bus, c'est la catastrophe, maman doit m'emmener en voiture et elle râle parce que ça décale tout et qu'elle va arriver en retard à son travail. Même les week-ends, je n'ai pas beaucoup de temps, entre les activités, les devoirs, les moments obligés en famille… Il faut faire ceci, il faut faire cela… C'est simple : je me sens tout le temps stressé. Il n'y a pas moyen de décompresser ? Pourquoi est-ce que le monde court tout le temps ? Les adultes qui travaillent sont débordés ; quand ils rentrent le soir, ils ne parlent presque que de ça. Et ceux qui n'ont pas de travail, au contraire, sont stressés par le vide, ils cherchent un emploi mais n'en trouvent pas toujours facilement, et ça les inquiète d'une autre façon. Moi, j'aimerais être détendu. Ne pas avoir à regarder l'heure sans arrêt. Prendre le temps de vivre, de voir des copains sans que ce soit prévu à l'avance ou qu'on me réponde que ce n'est pas possible parce qu'il y a déjà telle ou telle chose prévue de longue date. C'est ça, la vie, juste une course qui n'en finit jamais ? Cette idée m'oppresse la poitrine, comme s'il y avait un gros poids dessus, et elle ne me quitte pas souvent. Quand j'étais enfant, je vivais chaque moment au présent, tout simplement. Est-ce que je ne pourrais pas revenir à cette insouciance ? Ce serait tellement bien !

L'explication

Chacun de nous est un Self : un organisme dans un environnement. Cela implique que nos interactions avec ce qui nous entoure ont des répercussions sur nous.

Il est possible que tu sois entouré de plusieurs « stresseurs », c'est-à-dire des facteurs qui peuvent générer du stress en toi. Les « stresseurs » sont nombreux et divers, nous pouvons t'en citer quelques-uns pour te donner une idée de leur nature. Certains touchent la vie professionnelle, les études : une trop grande charge de travail, un supérieur hiérarchique qui n'émet que des critiques négatives et ne valorise pas ce qui est fait, du matériel souvent en panne… D'autres « stresseurs » concernent l'organisation de la vie quotidienne : des tâches plus chronophages que prévu et la peur qui en découle d'être en retard, des temps de trajet longs, une accumulation de petits soucis, peu de sécurité dans la vie de couple, familiale ou amicale, un décalage entre les paroles et les actes de proches, l'impression de s'engager plus que d'autres...

Ces facteurs extérieurs génèrent en nous un sentiment de stress : les éléments extérieurs entrent en nous et créent de l'anxiété. Quand c'est ponctuel, ce n'est pas très grave, l'important est de pouvoir ensuite revenir à un climat intérieur plus calme. Mais si le stress devient chronique, il crée des tensions dans le corps et amène à accorder plus d'importance aux jugements émis par les autres qu'à ce que l'on pense, soi : cela devient toxique pour soi.

L'antidote

Il y a des « stresseurs » autour de toi. Tu penses peut-être que telle chose ou telle personne te stresse, comme s'il y avait un rapport direct entre ce qui se passe dans la vie, autour de toi, et ce qui se passe à l'intérieur de toi, c'est-à-dire le stress que tu ressens.

En réalité, le lien n'est pas aussi direct que cela : tu as le pouvoir de décider comment tu vas vivre chaque situation. D'abord, prends le temps d'identifier et de nommer ce qui est un « stresseur » pour toi. Tu es sans doute plus sensible à certains, donc mets des mots dessus, pour y poser de la conscience.

Ensuite, tu peux t'occuper de la relation que tu as avec cette situation porteuse de stress : respire avec le ventre, en effectuant de longues inspirations et de longues expirations (si tu peux t'isoler quelques minutes pour pratiquer cet exercice, c'est encore mieux). Te connecter à ta respiration te remet en lien avec ton corps, donc avec toi, qui tu es en ce moment présent, et laisse moins de place à ce qui te perturbe.

Ce recentrage fait diminuer les tensions qui menacent de s'accumuler en toi, de tendre tes muscles, de te faire ruminer toujours les mêmes pensées négatives. Ainsi, tu peux commencer à changer ton état intérieur et aller vers l'apaisement.

Tu réalises alors que l'élément « stresseur » a déjà un peu moins de prise sur toi. Cet exercice de respiration est encore plus puissant si tu le pratiques régulièrement, comme un rituel auquel tu consacrerais chaque jour quelques minutes ; sinon, juste de temps à autre, quand tu y penses, c'est déjà très bien !

Scène de vie 42

Pourquoi la mort existe-t-elle ?

Romane

La situation

Titou, mon chat, est mort. Je l'avais depuis que je suis toute petite. Je l'adorais. Il dormait avec moi. Au début, mes parents ne voulaient pas, mais ils ont fini par céder : ils ont vu que ça m'apaisait de l'avoir près de moi, je m'endormais plus facilement quand il suffisait que je tende la main pour le gratouiller sous le menton et l'entendre ronronner. Dès que je rentrais à la maison, il venait me voir, et on jouait ensemble. Petit à petit, il a eu un peu moins envie de jouer. Maman m'a expliqué que c'était normal, il était plus calme parce qu'il vieillissait. Il nous restait les câlins. Quand je faisais mes devoirs, il était souvent assis sur mes genoux ou couché sur mon bureau. Quand j'arrivais à la maison, il m'attendait et venait vite se frotter à moi.

Et puis il est arrivé une chose terrible. Un jour, je suis rentrée à la maison, maman est venue à ma rencontre dès qu'elle a entendu la clé tourner dans la serrure. Elle ne fait jamais ça, alors j'ai tout de suite compris que quelque chose n'allait pas. Elle me regardait d'un air désolé, sans rien dire. J'avais peur, alors j'ai craqué et j'ai crié : « Qu'est-ce qui se passe ? » Elle m'a expliqué que Titou était sorti dans le jardin le matin, comme il le fait souvent, et qu'il n'était pas revenu, alors elle est allée dans la rue pour l'appeler, et elle a retrouvé son corps sans vie. Il a dû être percuté par une voiture. Au début, je ne l'ai pas crue. Je répétais : « Ce n'est pas possible. » Comment j'allais vivre sans Titou ? La nuit, il n'était pas à côté de moi. Le matin, j'ai eu envie de l'appeler, et puis je me suis souvenue qu'il était mort. C'était comme un manque terrible dans ma poitrine, à l'idée que je ne le verrais plus jamais. Pourquoi est-ce qu'on perd les êtres qu'on aime ? Pourquoi ?

L'explication

Tout ce qui vit meurt un jour, c'est ainsi. On ne sait pas quand ça va arriver, et il peut y avoir mille causes, maladie, accident ou encore vieillesse. La mort d'un être que tu aimes, c'est la confrontation avec l'inexplicable, le définitif, avec la perte. L'amour que tu éprouves continue d'exister, mais tout à coup cet amour-là est sans objet. Souvent, une des premières expériences que l'on en fait étant enfant concerne un animal de compagnie, puisque leur durée de vie moyenne est plus courte que celle des êtres humains.

Lorsque la mort arrive brutalement, le choc est encore plus violent, parce que tu n'as pas pu y penser avant, essayer d'apprivoiser cette perspective douloureuse. Mais de toute façon, attendue ou non, l'épreuve existe, et la traverser peut s'avérer difficile. Cela s'appelle le deuil.

Le deuil peut être plus ou moins long, selon les personnes, et ses étapes varient en durée, en intensité… C'est un parcours intérieur vers l'acceptation. Accepter ne veut pas dire qu'on est d'accord avec ce qui est : c'est ne plus lutter contre, c'est faire la paix intérieurement. Ce chemin, qui comprend plusieurs étapes, peut être long. Lors de l'annonce d'un décès, souvent, on n'arrive pas à y croire, on dit « Ce n'est pas possible ! ». On peut ensuite éprouver de la colère, de la révolte et penser que ce n'est pas juste. Puis le sentiment de douleur prend le dessus. Petit à petit, celui-ci s'apaise, et l'acceptation, dont nous avons parlé un peu plus haut, arrive doucement. La vie reprend, différente, mais elle reprend, et c'est très important.

L'antidote

Quels que soient les émotions et les sentiments qui te traversent, respecte-les. Ne les juge pas. À certains moments, tu as l'impression de ne rien ressentir, d'être comme anesthésié, et tu culpabilises. De même, tu peux rire d'une broutille puis te le reprocher. Mais tu ne choisis pas la façon dont les émotions viennent, tu n'en es pas maître. Que tu pleures ou que tu ne verses pas une larme, ce n'est pas un baromètre de ton chagrin. Simplement, ton corps réagit de cette façon. Accepte-toi avec douceur.

Le sentiment d'amour que tu portais à ton animal est présent en toi, et ce sentiment te dit que tu es vivant. C'est peut-être difficile de réaliser que tu as le droit d'être vivant, alors que l'autre n'est plus là. Regarde cette culpabilité, accueille-la, puis laisse-la partir : tu n'as pas à te punir d'être là. Au contraire, c'est la possibilité pour toi de faire vivre la mémoire de l'être qui te manque.

Plus tard, quand tu auras rangé les affaires, les photos, comme un trésor à garder avec tes souvenirs, tu pourrais être tenté de reprendre un animal qui ressemble à celui qui n'est plus là. Mais même s'il lui ressemble, ce ne sera pas lui : chacun est unique. En respectant cette réalité, tu te respecteras, toi.

Certains enfants voient dans leur animal de compagnie leur plus proche confident, parce qu'avec un animal il n'y a pas de mensonge, pas de paroles qui peuvent faire mal, juste de l'amour inconditionnel. Souviens-toi que tu sais l'expérimenter et que cela reviendra dans ta vie, sans doute sous une autre forme. Si ton sentiment de solitude reste ancré en toi, peut-être peux-tu en parler autour de toi, car cela veut dire qu'une souffrance demeure, dont il faut s'occuper.

Scène de vie 43

Mon frère a un handicap

Florian

La situation

Samuel, mon petit frère, est né avec un handicap. J'ai sept ans de plus que lui, alors je me souviens de plein d'événements le concernant depuis sa naissance. Mes parents ont été choqués au début, ils ne savaient pas comment le tenir dans leurs bras, mais au final ils l'ont accueilli avec beaucoup d'amour. Moi aussi, je l'aime bien. Je passais des heures à le regarder quand il était bébé ; parfois on me laissait le porter et lui donner le biberon, j'étais très fier. Mes copains m'enviaient un peu de jouer le grand frère, je me sentais devenir un grand. Au début, Samuel était un bébé comme les autres, il pleurait, il mangeait, il souriait, et puis très vite des différences sont apparues, par rapport aux autres enfants de son âge : il ne parlait pas, il ne marchait pas. J'ai commencé à moins en parler à mes copains, je me sentais moins à l'aise, vaguement honteux, je ne savais pas pourquoi. Certains, quand ils le voyaient, me lançaient des phrases dures, ils me disaient que mon frère n'était pas normal, ils avaient l'air dégoûtés et ça me faisait mal. Mes parents passaient beaucoup plus de temps avec Samuel qu'avec moi, parce qu'il fallait l'emmener chez le kiné, chez le médecin, faire de la rééducation… Alors parfois j'avais l'impression qu'il fallait que je me débrouille tout seul, que tout aille bien de mon côté pour ne pas leur causer de soucis en plus. Mais le pire, c'est quand j'ai surpris les regards des gens. Je ne supporte pas. Maintenant, mon frère marche, mais pas très vite, ce n'est pas facile pour lui, alors la plupart du temps, quand on sort, il est dans un fauteuil roulant. Les gens le regardent soit avec pitié, soit comme s'il était une chose. Un truc. Pourtant, c'est un être humain, exactement comme vous et moi ! Avec lui, je rigole bien, on fait des jeux comme se chatouiller, jouer aux cartes. Je ne veux pas de la pitié des gens. C'est eux qui ont un handicap : ils sont incapables de se mettre à la place des autres. Parfois, je déteste le monde entier à cause de ça.

L'explication

Les parents sont rarement tout à fait préparés à la venue d'un enfant – ils le sont encore beaucoup moins à la naissance d'un enfant porteur d'un handicap. Ils ont imaginé un « enfant idéal », l'enfant de leurs rêves. Non seulement ils sont face à un petit être singulier, comme l'est chaque nouveau-né, mais aussi à un bébé qui a des particularités qu'on appelle « handicap ».

Dans l'esprit de la plupart des gens, le handicap, c'est quand on a « quelque chose en moins » : quelqu'un qui ne peut pas marcher ou parler, ou dont la pensée est moins rapide que la moyenne, ou encore une personne sourde, aveugle… La personne porteuse de handicap a effectivement une difficulté physique, sensorielle ou psychique, mais la plupart du temps, elle développe des stratégies ou des aptitudes qui lui permettent de compenser. Par exemple, une personne aveugle de naissance sent, en fonction des bruits et des déplacements de masses d'air autour d'elle, si elle se trouve dans une rue étroite ou une large avenue, s'il y a beaucoup de gens ou presque personne…

L'idée de normalité est au cœur de tout cela, et elle se traduit par le regard porté sur la personne porteuse de handicap. La plupart des gens se ressentent comme « normaux » sans vraiment s'interroger sur ce terme. C'est quoi, être « normal » ? Être dans la moyenne ? Ne pas se faire remarquer ? Chacun de nous a ses forces et ses failles. La « normalité » n'existe pas. Ce qui existe, c'est une adéquation à la société telle qu'elle est. Or pour qu'une personne porteuse de handicap y trouve pleinement sa place, il faut que les efforts soient faits équitablement de son côté et du côté de la société.

Ce qui est douloureux, c'est le handicap, mais peut-être plus encore les regards de pitié, de rejet, de curiosité qu'on reçoit tout le temps. Ces regards disent « Tu es handicapé ». Or un enfant, un adulte avec un handicap, c'est avant tout un être humain comme les autres : il a envie et besoin de se sentir bien dans sa peau, d'avoir des amis, de rêver à son avenir, de connaître l'amour…

Si tu as un frère ou une sœur avec un handicap, ou si toi-même tu souffres d'un handicap, tu perçois tout cela, même si tu ne mets pas forcément de mots sur ton mal-être.

L'antidote

Le regard des autres ne reflète pas la vérité. Il peut être teinté de curiosité sans jugement, d'incompréhension ou d'émotions plus dures. Dans tous les cas, il appartient à la personne qui en est la source, pas à celui qui est regardé. Tu es digne d'être aimé, tu es aimable, et la personne porteuse de handicap que tu accompagnes aussi, même si tu rencontres de tels regards.

Prends conscience de la façon dont tu accueilles les regards qui te dérangent. Peut-être les interprètes-tu en fonction de la gêne que tu ressens, toi. Peut-être ne sont-ils rien de plus que des regards qui cherchent à comprendre, de personnes qui ne se rendent pas compte de la violence symbolique qu'elles te font subir.

Si c'est le cas, peut-être peux-tu chausser mentalement des lunettes roses, et voir le verre à moitié plein. Quelqu'un remarque que tu existes. Ce quelqu'un a peut-être des intentions positives, par exemple celle d'apporter son aide, sans savoir comment s'y prendre. Tu peux rester neutre, ou, si tu en as l'envie et l'énergie, tu peux sourire. Ton attitude ouverte peut susciter une ouverture en retour, et la tension se relâchera.

Tu n'es pas obligé de lutter tout le temps. Tu peux lâcher prise à certains moments, et laisser ton frère ou ta sœur vivre ses propres expériences. Il en a besoin, tout comme tu as besoin de vivre tes expériences et d'avoir du temps pour toi. Tu ne peux pas changer la société, mais accompagner les changements de regard qui en font partie. Et accepter que tu n'es pas tout-puissant, que tu as des failles, comme tout le monde, qui peuvent au final t'apporter une grande richesse nommée l'« empathie » : c'est la capacité de se mettre à la place de l'autre pour imaginer ce qu'il vit à l'intérieur de lui.

Plus tu vivras de façon naturelle tes relations avec ton frère ou ta sœur, plus les autres personnes seront rassurées et pourront venir vers toi en sécurité. Tu peux aussi leur expliquer le handicap, en quoi il consiste, raconter les bons moments et ceux plus difficiles… Cacher cette réalité peut être confortable sur le moment, mais peut aussi te faire vivre un profond sentiment de solitude. La partager, c'est faire évoluer les mentalités, souvent construites sur l'ignorance et les préjugés.

Scène de vie 44

Comment sait-on si on est pauvre ?

Léane

La situation

À la maison, on a toujours à manger, mes parents travaillent tous les deux, on habite un appartement sympa même s'il n'est pas immense, et on part en vacances de temps en temps. Pourtant, j'entends souvent parler d'argent, de fins de mois difficiles, de factures à payer, d'augmentations de salaire qui ne viennent pas… Presque tous les jours. Mes parents ont des discussions à ce sujet, mais aussi les voisins, les commerçants, et sur les réseaux sociaux je vois aussi passer des infos sur la pauvreté. Il y a aussi des gens qui râlent parce que les inégalités sociales sont de plus en plus grandes : certains sont de plus en plus pauvres et d'autres de plus en plus riches. C'est bizarre, mais j'ai l'impression que les gens riches sont méprisés et enviés en même temps, comme si l'argent facilitait la vie et qu'en même temps il était sale, ou qu'il rendait méchant, je ne sais pas trop. Personne ne le dit vraiment, mais je le sens, au ton des gens. Parfois, j'ai peur. Est-ce qu'on est vraiment pauvres ? Est-ce qu'on risque de se retrouver à la rue ? Et moi, plus tard, est-ce que je gagnerai assez d'argent pour payer un loyer, acheter à manger, et tout le reste ? Comment ça va se passer ? Je serai riche, ou pauvre ? Ou entre les deux ? Est-ce que ça dépend du choix de métier que je vais faire ? Et si j'étais née dans une famille très fortunée, par exemple avec un yacht, un jet privé et tout ça, est-ce que ce serait mieux ? Je n'aurais sans doute pas d'angoisse à me faire puisque ma famille aurait plein d'argent ? Mais je dépendrais d'eux... Au final, je ne sais pas vraiment si on est riches ou pauvres, je n'ose pas poser la question, et parfois ça m'inquiète.

L'explication

Il y a de multiples façons d'être à l'argent : l'argent est une énergie neutre sur laquelle chacun fixe une palette d'émotions, en résonance avec son vécu. Certains en ont beaucoup et ont peur d'en perdre, d'autres ont le sentiment d'en manquer. Il arrive qu'on en manque objectivement, bien sûr, mais il arrive aussi qu'on se sente riche d'autres choses : vivre, aimer, respirer, être au contact de la nature... Il y a aussi ceux qui ont de l'argent, qui se sentent bien avec, et qui ont à cœur d'en utiliser une partie pour aider les autres... Les combinaisons sont multiples.

C'est vrai, dans le monde, il y a des personnes très pauvres, d'autres très riches, et nombreuses sont celles qui se situent entre ces extrêmes. Elles sont riches d'avoir, ou pauvres de ne pas avoir. Mais qu'en est-il d'être ? Cela ne se mesure pas avec des billets, une carte bleue et un compte bancaire bien garni, et pourtant, être a une grande valeur. Plus on cultive sa relation avec cette partie de soi, plus on va se sentir dans l'abondance.

L'abondance est un état qui amène à sentir que l'on peut se nourrir du bon qui nous entoure et en créer. Ainsi, l'argent se vit comme une énergie qui permet de générer du bon pour soi, pour les autres et même pour le monde en fonction de ses moyens.

Le contraire de l'abondance, c'est la pénurie. Celle-ci se manifeste dans le sentiment de manque, c'est l'impression de n'avoir pas assez, ou de ne pas être assez pour mériter le bon. Quoi qu'il en soit, ce n'est pas une histoire d'argent, mais d'état émotionnel.

Ta famille a une position objective – les rentrées d'argent sont peut-être à peine suffisantes chaque mois par rapport aux dépenses – et une position interne : il est possible que tes parents s'inquiètent de l'avenir, de la hausse des prix, et que ça leur fasse vivre de la pénurie à l'intérieur d'eux. La relation de chacun à l'argent est complexe ; c'est important de la mettre le plus au clair possible.

L'antidote

L'Être est une partie de soi lumineuse, stable, qui n'est pas impactée par tout ce que l'on vit. Il nous donne de l'inspiration, des aspirations aussi, il nous aide à sentir ce qui est bon pour nous.

Tu es connecté à lui dans les instants où tu te sens bien, là, dans l'ici et maintenant. Par exemple dans un fou rire entre amis, à l'écoute d'une musique qui te touche, lorsque tu crées quelque chose, quand tu es au contact de la nature, dans l'émerveillement...

Pour plus tard, tu verras comment l'argent viendra à toi, en tout cas une chose est sûre : plus tu t'exerceras à sentir ton être, à donner de l'importance à ce qui te rend heureux, à mettre de l'énergie dans ce que tu as à cœur d'accomplir dans ta vie, et plus tu t'enrichiras de ce qui est bon pour toi.

En ce qui concerne le quotidien en famille, si tu sens que c'est possible, tu peux poser des questions, en expliquant que tu t'inquiètes, que tu te demandes si ça va aller... Sans doute tes parents n'ont-ils pas conscience que leurs discussions provoquent en toi des émotions difficiles. Partager ce que tu ressens t'apaisera et donnera à ta famille la possibilité de sentir ce qui se passe en toi, et peut-être de te rassurer. Il est important de ne pas rétrofléchir (cf. p. 49) ce type de questions ou d'inquiétudes, qui pourraient devenir des croyances négatives et assombrir tes expériences futures.

Scène de vie 45

Pourquoi je suis né, moi ?

Lorenzo

La situation

Tout va plutôt bien dans ma vie, je n'ai pas à me plaindre. Mes parents sont sympas, j'ai des copains, mes notes sont correctes, je n'ai pas de maladie grave… Mais je ne sais pas… Il me manque quelque chose. C'est comme si rien n'avait vraiment de sens. Pourquoi je suis né, moi ? Pourquoi ici et pas ailleurs ? Avant ma naissance, le monde tournait sans moi, qu'est-ce que je viens faire dans tout ça ? C'est quoi mon rôle ? Je n'en ai peut-être aucun, d'ailleurs. Un rôle ! Non, mais je me prends pour qui en pensant cela ? Napoléon ? Je ne vois pas bien l'intérêt de ma vie, et de la vie en général. Son sens. Je suis là, je grandis, je vais devenir adulte, un jour je mourrai, et puis voilà, fin de l'histoire. Un peu bizarre, non ? Certains croient en Dieu, en une vie après la mort, moi non, je ne sais pas pourquoi, mais c'est ainsi. Parfois je le regrette, je me dis qu'avoir un espoir de ce genre pourrait m'aider à tenir le coup, à me sentir exister de façon plus sereine. Parfois j'en parle à des copains, certains me regardent avec de grands yeux, d'autres ressentent un peu la même chose. La plupart du temps, je fais semblant d'aller tout à fait bien et j'enterre ça dans un coin, tout au fond de moi. Je suis peut-être bizarre d'avoir des pensées de ce genre. De quoi je me plains, après tout ?

L'explication

Les questions que tu te poses sur le sens de la vie sont importantes. Le fait que tu te les poses montre que tu as conscience de la finitude de chaque existence, que ce soit la tienne ou celle des autres. Cette question traverse toutes les civilisations, et la mort reste un mystère. Ainsi, dans chaque mythologie (mésopotamienne, égyptienne, grecque, maya…), des histoires mettent en scène ce qui se passe après la mort, afin de mettre des images sur quelque chose que nous ne pouvons pas concevoir. Les religions actuelles traitent elles aussi cette interrogation. Ta question est forte, légitime, elle prouve ta capacité de réflexion et ton sentiment d'appartenance à la communauté humaine.

Ta recherche de sens montre peut-être que tu es perdu dans ta vie. Quand tu étais enfant, tu n'avais pas la notion du temps, tu vivais dans le présent. En grandissant, tu ressens les choses autrement, tu te poses des questions sur ton avenir et, comme tu ne le vois pas – ce qui est logique puisqu'il n'existe pas encore –, tu imagines une sorte d'autoroute sans surprise que tu n'as pas envie d'emprunter.

Il est vrai que le lieu et le moment de notre naissance relèvent du hasard. Cela, il faut l'accepter, lâcher prise avec l'envie ou le besoin de tout contrôler pour se rassurer. Sinon, on reste dans la toute-puissance de l'enfant, qui croit que ses pensées sont magiques.

L'antidote

Imagine ta vie comme une jolie route de campagne bordée de grands arbres. À chaque tournant, un nouveau paysage apparaît : la forêt laisse place à des collines herbues, puis à des champs, à un petit village… Chaque virage est une promesse de surprises. La vie, c'est un peu cela : tu crois savoir ce qui va s'y passer, tu penses que tu vas t'y ennuyer, que cela va être difficile ou effrayant. Mais si tu poses l'intention d'avoir confiance en la vie et en toi, tu verras mieux ces surprises qui t'attendent, et qui peuvent être belles, te donner le sourire, te rendre heureux. Si tu doutes, tu peux regarder dans ton passé et y voir ce qui ne s'est pas déroulé comme tu l'avais anticipé : regarde les bonnes surprises, par exemple les moments où tu as réussi quelque chose que tu trouvais difficile.

Tu ressens un mal-être que tu juges anormal parce que, dans ta vie comme dans celle de Lorenzo, tout se passe à peu près bien. Mais à l'intérieur de toi, tu ressens un malaise qui est bien là, pour de vrai. C'est important d'accepter sa présence, de l'accueillir, de t'en occuper, parce qu'il voudrait te dire quelque chose : les émotions transmettent des messages, elles insistent jusqu'à ce qu'on les écoute, qu'elles soient agréables ou désagréables. Peut-être rencontres-tu actuellement des difficultés dans ta vie, dont tu aimerais parler à quelqu'un de confiance, ou que tu aimerais te formuler à toi-même. Ta vie est précieuse, tu es important et unique. Sois doux avec toi, tu es la personne qui t'accompagnera tout au long de cette vie à laquelle tu cherches un sens.

Sois attentif à ce qui se passe pour toi ici et maintenant. La vie, ce n'est ni ce qui est passé et qui n'est plus, ni l'avenir qui n'est pas encore. La vraie vie, c'est ici, tout de suite, à l'endroit où tu es. Pour bien sentir la vie en toi, tu peux pratiquer de longues respirations, quelques minutes par jour, elles te permettront de mieux te connecter à tes sensations.

Scène de vie 46

Pourquoi est-ce qu'on maltraite les animaux ?

Agathe

La situation

Le prof d'histoire nous a expliqué un truc incroyable : au XVIIe siècle, la plupart des savants considéraient les animaux comme des machines. *Des machines*, vous vous rendez compte ! Est-ce qu'on a fait tant de progrès que ça ? Encore maintenant, on peut acheter et vendre un animal comme si c'était un simple objet. Une chose dont on dispose, qu'on peut maltraiter, abandonner… même si les lois encadrent de plus en plus les pratiques et punissent certains abus. Tout de même, on sait désormais que les animaux sont dotés de sensibilité et d'intelligence. Les chats, les chiens… Mais pas seulement les animaux de compagnie, qui nous regardent avec de grands yeux et peuvent nous faire des câlins. Les vaches et les oies aussi, que nous élevons pour les manger. Et les insectes, comme les abeilles, qui ont des stratégies pour reconnaître leur chemin depuis des fleurs à butiner jusqu'à la ruche. Sans compter tous les autres. Moi, j'ai décidé de ne plus manger de viande, ni aucun produit venant des animaux. Je suis végane. Quand j'ai annoncé ça à ma famille, il a fallu que j'explique pourquoi, que je rassure ma mère sur mon équilibre alimentaire, puis peu à peu les choses se sont calmées et j'ai pu me conduire comme je le voulais plus tranquillement. Je ne force personne à faire comme moi, mais je ne veux pas qu'on m'empêche d'agir selon mes convictions. Je pense que si on veut sauver cette planète, on doit protéger tous les êtres vivants qui la peuplent. C'est notre devoir, à nous, les êtres humains, qui avons colonisé tant d'espace !

L'explication

La vision du monde d'une civilisation est le produit d'une histoire et d'une culture qui évoluent petit à petit. Certaines prises de conscience sont lentes, et tous les individus n'y sont pas sensibles en même temps, ce qui crée des décalages dans les points de vue et les perceptions.

Peut-être est-ce difficile pour toi de voir que cette prise de conscience n'est pas encore là pour tout le monde, et que beaucoup d'animaux sont traités de façon indigne, parfois dans l'indifférence générale. Cela te révolte et te donne un sentiment d'impuissance.

Il est important que tu ne te sentes pas coupable de tout, que tu ne tentes pas de porter l'univers sur tes épaules, car c'est impossible. L'espace lointain, c'est celui où nous avons le moins de champ d'action, celui qui nous échappe en grande partie. C'est une zone d'inertie. Si tu penses à tous les animaux que tu ne peux pas aider seul, tu te mets dans une posture d'impuissance. Cette situation n'est pas facile à vivre et augmente ton anxiété.

L'antidote

T'inquiéter ne va pas changer les choses, cela va te faire du mal à l'intérieur de toi sans avoir de répercussions positives à l'extérieur. Et si tu examinais la façon dont tu regardes le monde ? Il y a des injustices et des pratiques scandaleuses, c'est vrai, mais il existe aussi de belles relations entre les humains et les animaux, et les regarder, elles aussi, peut te redonner force et confiance, équilibrer ta perception des événements.

Il est important que tu agisses en fonction de tes valeurs, pour être en accord avec elles. Ta manière de respecter les animaux est importante. Elle manifeste ton harmonie intérieure, bien plus puissante pour faire bouger les façons de penser autour de toi que de longs discours qui pourraient indisposer tes interlocuteurs et être vécus comme des injonctions. Ton attitude digne et tes actes vont attirer l'attention, intriguer, et certaines personnes ouvertes vont te poser des questions sur tes motivations, peut-être même être touchées et avoir envie de te rejoindre.

Tu ne peux pas tout changer à toi tout seul, alors fais ce qui est à ta portée en tant qu'individu. Si tu en as l'âge et la possibilité, tu peux décider d'être bénévole dans une association, par exemple. À plusieurs, on peut faire bouger les lignes plus facilement. Cela t'aidera aussi à sentir que tu possèdes une puissance dont tu peux faire bénéficier le monde, à ton échelle.

Scène de vie 47

Pourquoi les adultes ne sont-ils pas plus ouverts ?

Lenny

La situation

Quand les adultes parlent de politique, chacun d'eux a souvent un avis tranché, arrêté. Ils ont beau donner des arguments, au final, ça ne change rien : c'est comme s'ils n'entendaient pas ce que dit l'autre. Chacun campe sur ses positions, avec des raisons qui sont toujours les mêmes pour chaque personne. Pour ça, les repas de famille peuvent être redoutables ! Il arrive même que le ton monte, par exemple mon père et le frère de ma mère sont souvent à la limite de se fâcher. De temps en temps, ils se boudent quelques jours ou quelques semaines ; heureusement, ça ne dure pas plus. Du coup, moi, quand je me pose des questions sur la politique, je n'ose pas les exprimer à voix haute, par peur qu'il se passe la même chose. Mes parents et leurs voisins ne se parlent plus, mais pour d'autres raisons, que je trouve encore plus bizarres : une fois, le voisin a garé sa voiture sur l'emplacement que mes parents louent, ils ont pris ça comme un affront, ou comme des mauvaises manières, je ne sais pas trop. En tout cas, depuis ce jour-là, ils ne s'adressent plus du tout la parole ! Ils évitent même de se regarder. Tout ça pour une place de parking squattée une seule fois. Je ne sais pas qui a raison, je me demande juste s'il faut vraiment se fâcher pour des choses comme ça, qui ne me semblent pas très importantes. Est-ce que je changerai d'avis quand je serai adulte ? Est-ce que je verrai les choses autrement ? En fait, je me demande ce que c'est que d'être adulte. Parfois je vois les « grands » comme des gens qui se disputent dans une cour de récréation géante, pour des raisons que je ne trouve pas vraiment sérieuses, qui ne valent pas la peine qu'on se fâche.

L'explication

Chaque être humain a ses valeurs et ses croyances, qui se sont cristallisées au fil du temps. Elles sont présentes dans la fonction « personnalité » du Self. Elles concernent la façon dont on se perçoit, et la façon dont on perçoit le monde, avec confiance ou avec méfiance, en le valorisant ou en le dévalorisant… Si on ne réfléchit pas beaucoup à ces questions, si on ne se remet pas en cause, alors ces valeurs et ces croyances se transforment à l'intérieur de soi, elles y prennent l'apparence de certitudes. Si on prend le temps de s'interroger sur son propre fonctionnement, ces croyances, tout en restant globalement stables, peuvent évoluer.

Chaque être humain a aussi ses doutes, ses peurs, ses interrogations, même s'il n'en a pas forcément conscience ou s'il ne les exprime pas. Certains vont aller au contact avec les autres, voire au « combat », parce que c'est le fonctionnement qui leur est le plus familier. D'autres vont douter, ne pas s'exprimer, de peur que leur colère, leur incertitude, ou toute autre émotion qu'ils n'aiment pas ne se manifeste trop fort en eux.

Dans la société, nos Selfs se trouvent en contact les uns avec les autres et, selon la façon de fonctionner de chacun, cela se passe plus ou moins bien. Dans les positionnements très tranchés que tu observes parfois se mêlent des convictions que la personne pense objectives, des peurs, des réactions non dites à l'interlocuteur…

L'antidote

Observe les interactions des adultes entre eux, c'est très enrichissant. Tu peux le faire avec bienveillance, sans les juger, juste avec l'objectif de tenter de comprendre ce qui anime les uns et les autres. Tu peux t'aider des mécanismes de régulation du contact (cf. p. 46-50) et voir comment ils font : est-ce qu'ils projettent ? Est-ce qu'ils font de la confluence ? De la déflexion ou de la rétroflexion ?

Tu peux ainsi constater que, parmi les adultes que tu côtoies – dans ta vie de tous les jours ou bien de façon moins personnelle –, certains campent sur des positions figées, tandis que d'autres s'interrogent. Il n'existe pas un « monde des adultes », mais un ensemble d'individus d'âge, de milieu, de convictions et d'histoire différents, qui font comme ils peuvent pour fonctionner dans leur environnement. Si tu peux sentir cela, peut-être auras-tu davantage confiance dans ta capacité à devenir l'adulte que tu souhaites.

Plus tu prendras conscience de ces modes de fonctionnement, plus tu prépareras le terrain pour l'adulte confiant, ouvert et responsable que tu as envie de devenir : tu vas découvrir qu'être adulte, c'est avoir pleinement le choix pour sa vie.

En effet, l'enfant doit s'adapter à son environnement pour y vivre le mieux possible, car il n'a pas le choix de ce qui l'entoure. Plus tard, une fois adulte, ces ajustements ne sont plus nécessaires. Tu peux alors, en prenant conscience de leur existence et de leur fonctionnement, les remplacer par d'autres ajustements, que l'on appelle en Gestalt des « ajustements créateurs ». Par exemple, si, enfant, tu retenais tes sentiments de colère parce que tu sentais qu'ils ne seraient pas accueillis par ton environnement, une fois devenu grand, tu peux accepter qu'ils existent et apprendre à les exprimer le plus posément possible, une fois le moment de crise passé, quand tu es redevenu capable de réguler tes émotions, de les accueillir plus calmement.

Les peurs et les résistances qui existent en toi, comme en chacun de nous, continueront sans doute à être là. Accueille-les en restant conscient que le champ des possibles est vaste, et que tu es capable de revenir dans le mouvement de la vie.

Tu peux utiliser la phrase «Je veux être un adulte créateur de sa vie» quand tu sens que tu es dans un moment difficile.

Scène de vie 48

Faut-il vraiment suivre la mode ?

Amandine

La situation

Mes copines achètent toutes des vêtements de marque, même si elles trouvent ça cher. Elles demandent ce genre de cadeau pour leur anniversaire ou pour Noël, quand elles ne peuvent pas s'en faire offrir plus souvent. Elles ont toujours un truc – des baskets, un blouson… – avec un nom de marque à la mode. J'ai même une copine qui ne s'achète que de la marque. Pour elle, c'est très important. Je ne comprends pas vraiment ce qui l'attire là-dedans. Ça fait riche ? Ça fait classe ? Moi, je n'ai rien contre les marques, mais uniquement si le modèle et la couleur me plaisent. Pas juste parce que c'est la mode. J'ai surtout envie d'avoir un style à moi, de mettre des pulls tout doux de ma couleur préférée, par exemple. En même temps, je n'ose pas trop critiquer, j'ai l'impression que ce serait aussi violent que de m'attaquer à leur identité, et que je risquerais d'être rejetée du groupe. Alors je ne dis rien. J'évite juste de traîner avec ces filles quand elles font du shopping : une fois j'y suis allée avec elles, je me suis acheté un pantalon de marque parce qu'elles me disaient qu'il m'allait trop bien, elles insistaient. Je l'ai porté quelques fois, surtout pour leur faire plaisir, et puis de moins en moins, parce qu'au fond, ce n'était pas mon style. Et puis il y a autre chose : si je porte une marque, en fait, je fais de la pub pour une entreprise, non ? Pourquoi je lui ferais de la pub ? Pour lui faire gagner encore plus d'argent ? Parfois je me dis que tout ça, c'est pour faire fonctionner un système qui marche sur la tête. Si on consommait moins, la planète se porterait un peu mieux, il me semble. Il y a peu, j'ai discuté avec une fille qui n'achète que de la seconde main. Elle m'a montré des magasins et des applis pour trouver des trucs qui me plaisent. Il faut parfois scroller longtemps, mais je trouve des vêtements et des sacs sympas, pas trop chers, et je suis plus en accord avec mes valeurs.

L'explication

Acheter des vêtements de marque est une façon d'afficher son appartenance à un groupe, à un ensemble de personnes qui se reconnaissent comme faisant partie d'une même communauté. Cela peut aussi être une affaire de goûts, bien sûr, mais l'élément le plus important ne se situe pas forcément là, tout particulièrement à l'adolescence.

Ne pas porter de marques peut être interprété par les autres comme un indice qu'on n'a pas les moyens de s'en offrir. Or, à cet âge où le groupe de pairs est un élément social essentiel, cela peut se révéler douloureux, car cela réveille une peur d'être exclu d'une communauté.

La mode, c'est aussi une manière de montrer que l'on suit les conseils des influenceurs et influenceuses les plus populaires sur les réseaux sociaux, c'est une façon de partager une forme de complicité autour de ce phénomène... qui obéit lui aussi à la mode. Certains réagissent en adoptant un grand conformisme par rapport aux modèles recommandés, d'autres tentent une voie qui allie ce conformisme et une touche d'originalité personnelle, pour trouver un style qui leur est propre.

L'industrie textile a bien compris ces enjeux et s'en sert, dans des publicités et des posts virtuels, pour atteindre la classe d'âge des jeunes, très porteuse financièrement, et qui relaie parfois la mode à d'autres classes d'âge. Il est possible que cet enjeu social ne soit pas en accord avec tes valeurs, or il est important de respecter ces dernières.

L'antidote

À un âge où l'estime de soi est encore en train de se construire, être inclus, accepté dans un groupe de jeunes peut s'avérer très important pour toi. Cet enjeu est à double tranchant, car il révèle des fragilités : s'il est encore difficile pour toi de reconnaître ta propre valeur, tu peux avoir tendance à en chercher des indices ou des preuves dans les regards portés sur toi.

Peux-tu faire l'expérience de te sentir en sécurité avec toi-même, même si tu ne suis pas le modèle de mode qui domine autour de toi ? En développant petit à petit ta capacité à te rassurer toi-même, tu éprouveras moins le besoin de te conformer à ce que demande le groupe – ou à ce que tu imagines qu'il exige.

Ton corps change, et cela renouvelle les questions que tu te poses sur la façon dont tu l'habilles. Est-ce que tu aimes le montrer ? Est-ce que tu cherches à te prouver qu'il est agréable à regarder ? Est-ce que tu voudrais le cacher parce que tu ne t'y sens pas à l'aise ? Ou encore te cacher tout entier derrière le fait de porter de la marque ? Trouver ce qui te va, les vêtements avec lesquels tu te sens en accord, dans lesquels tu te sens toi-même, est une voie vers l'acceptation de tous les changements physiques par lesquels tu passes, à un rythme que tu ne maîtrises pas, et qui peut te paraître trop rapide ou trop lent par rapport à la moyenne de ta tranche d'âge.

Scène de vie 49

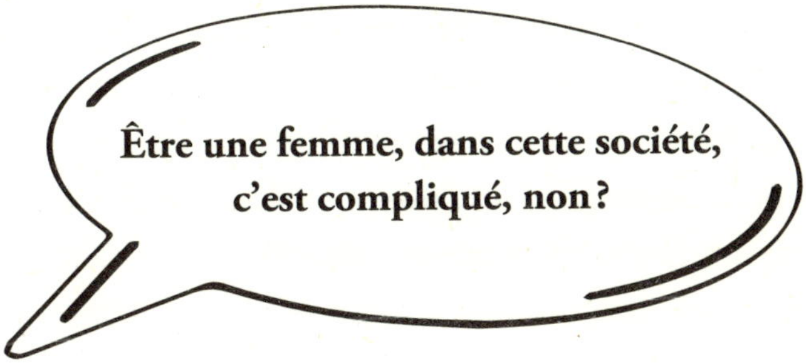

Lou

La situation

Je vais souvent en cours à vélo. Ce soir, la nuit tombait et, dans la rue, j'ai entendu une voix masculine me dire « Eh, mademoiselle ! T'es belle », puis une autre « Tu dois être bonne, toi ». « T'es belle », peut-être certaines personnes pensent-elles que c'est un compliment ; moi, je me sens agressée quand des garçons ou des hommes font des remarques sur mon physique. Est-ce que je me permets de leur dire si j'aime la forme de leur visage ou de leurs fesses ? Non. Je n'oserais pas, et surtout je trouve que c'est complètement indélicat. Quand je suis partie habiter loin de chez mes parents, ma mère m'a recommandé de ne pas porter de vêtements trop courts, de ne pas rentrer trop tard le soir… J'ai eu une conversation avec elle, je lui ai dit que je voulais m'habiller comme j'en avais envie, et j'ai compris qu'elle avait peur pour moi, c'était la seule raison de ces recommandations qui ne lui ressemblaient pas. Je me sens parfois comme une proie dans un monde de prédateurs, est-ce que c'est normal de ressentir ça ? J'ai des copines qui prennent des cours de self-defence, d'autres qui ont une petite bombe au poivre dans leur poche dès qu'elles sortent se balader ou faire un jogging. Je trouve ça choquant de devoir prendre ce genre de précautions. De se sentir tellement en insécurité. On nous parle de parité, des droits des femmes, de lutte contre les féminicides et, nous, on est toujours en train de calculer l'itinéraire le plus sûr pour rentrer, on s'inquiète quand un pas résonne derrière nous dans une rue déserte… Je n'ai pas envie de vivre dans la peur juste parce que je suis née femme. Est-ce que c'est moi qui dois me détendre ? Je crois quand même qu'il y a un vrai problème de société, non ?

L'explication

Tu as totalement le droit de trouver irrespectueuses les remarques sur ton physique, de t'en sentir agressée. Il est complètement intolérable de ne pas se sentir respectée, de devoir faire tout le temps attention à ta sécurité. D'autant plus que tu entends souvent parler des droits des femmes… Or dans la réalité que tu vis, ils sont loin d'être respectés.

Il est très important de parler de ces questions, de dénoncer les violences sexistes et sexuelles, pour que la parole des victimes soit prise en compte, pour que les agresseurs n'agissent plus en toute impunité, ou même croient qu'ils le peuvent. Il est important aussi de te préserver. S'impliquer est une chose, mais ça ne serait pas juste que cela envahisse tout ton espace intérieur, qu'il s'y développe une anxiété.

L'égalité entre les hommes et les femmes est un enjeu de société. Elle a été l'objet de luttes, notamment depuis les années 1960, pour le droit à la contraception et à l'IVG, à l'indépendance financière, à l'accès à tous les métiers, etc. Mais elle est encore loin d'être effective : si des avancées interviennent dans certains pays, le statut de la femme se dégrade dans d'autres. Il est crucial que les femmes – la moitié des êtres humains ! – puissent vivre et se déplacer en toute sécurité, en toute indépendance et dans le respect de leur intégrité.

L'antidote

Le système est une entité qui met du temps à bouger, à changer. Néanmoins, il est en mouvement, même si c'est lent. Exiger du respect, de la considération, est un élément important dans toute relation, et même avec les gens que nous ne connaissons pas. Il est important de bien distinguer les faits irrespectueux voire violents des discours que te tient le « Je peureux » : ce dernier pourrait te donner la croyance que tous les hommes sont mauvais, mal intentionnés, ce qui n'est pas le cas.

Tu peux aussi réfléchir aux meilleurs moyens pour que l'on prenne en compte les valeurs qui sont les tiennes : militer dans une association, te documenter et apprendre sur le sujet... Beaucoup de possibilités s'offrent à toi aujourd'hui : tu peux t'intéresser aux femmes dans l'Histoire, comment elles y ont participé, par exemple. Et quand tout ça, c'est trop pour toi, tu as aussi le droit de ne pas vouloir utiliser ton énergie dans ces combats. Dans ces moments-là, tu peux revenir dans ton espace intérieur, le cultiver, l'aimer, et investir ton énergie dans des activités qui peuvent te faire du bien, comme le yoga, la danse, la gymnastique. Revenir à des activités te permet de revenir à toi, à ton corps, ta créativité, ta puissance de vie, celle-ci est importante et apporte une belle énergie au monde, c'est un éclat de lumière qui, associé à d'autre, peut faire la différence.

Scène de vie 50

Faut-il forcément faire de la compétition quand on aime un sport ?

Noah

La situation

J'adore la natation. Quand je suis dans l'eau, je me sens bien, mon corps est plus léger, je vais vite… Mes parents m'ont inscrit dans un club, j'étais content d'aller aux entraînements. Un coach m'a proposé d'aller à une compétition. Mes parents trouvaient ça bien, ils étaient fiers de moi, je crois. J'ai dit oui.

Il a fallu que je m'entraîne encore plus : trois soirs par semaine. Ce n'était pas évident : pour tenir le rythme, je devais m'avancer dans mes devoirs et mes leçons, et puis j'avais beaucoup moins de temps avec mes copains, sauf ceux avec qui je me suis lié au club de natation. Enfin, avec ceux-là, on était copains, mais en même temps on se mesurait les uns aux autres. C'était à celui qui ferait le meilleur temps, surtout. Ça me plaisait moyen, surtout que je ne suis pas un tueur.

Le jour J, on est allés dans une piscine que je ne connaissais pas, il y avait beaucoup de gens sur les gradins, beaucoup de bruit. J'ai commencé à avoir un peu peur de tout ça. Je ne me sentais pas à la hauteur, et surtout, j'ai réalisé que la compétition, ce n'était pas ce qui me procurait du plaisir. Je n'ai pas un mental d'acier. Je n'ai pas envie d'être le meilleur. J'ai juste envie d'être bien dans l'eau. Bon, j'ai fait ce que je pouvais, je suis arrivé dans la moyenne. J'ai accepté d'aller à une autre compétition, et puis j'ai dit à mon coach que je préférais nager juste en amateur, pour le plaisir. Il m'a dit que, dans ce club, ce n'était pas possible, ils visent le haut niveau. J'avais même l'impression qu'il ne comprenait pas mon point de vue. Résultat ? J'ai arrêté la natation. On y va parfois le week-end, avec mes parents ou des copains, mais ce n'est pas la même chose.

L'explication

Faire du sport, c'est important pour ton équilibre physique et psychique. Cela te permet de dépenser de l'énergie de façon saine et de diminuer les ruminations qui t'envahissent parfois. Si tu as une passion pour un sport en particulier, c'est une chance !

Mais nous vivons dans une société où, bien souvent, l'esprit de compétition est encouragé, dans le sport comme dans bien d'autres domaines, professionnel notamment : il faut se dépasser soi-même, mais aussi faire mieux que les autres. Ne pas être le premier, ou parmi les premiers, peut être considéré ou vécu comme une forme d'échec. Même si tu fais des progrès par rapport à toi-même, c'est souvent la comparaison avec les autres qui est la plus valorisée. Or la comparaison, c'est un poison : elle est source de conflits, internes et externes. Elle crée la discorde.

Pourquoi ne pas accepter ce principe de compétition, si elle est comprise d'abord comme une recherche d'excellence pour chacun et si elle s'accompagne de respect, quelle que soit la position des uns et des autres dans la compétition ? En effet, il ne s'agit pas de savoir qui est le meilleur en soi, dans son être, mais qui a réalisé, cette fois-là précisément, la meilleure performance, sachant que cela peut être différent la fois suivante.

En Gestalt, nous disons que le bon équilibre, c'est quand on sent qu'on est important et que les autres sont importants aussi. Si tu considères que tu es plus important que les autres, ou au contraire moins important, alors il existe un déséquilibre, et ton estime de soi en souffre. Être le premier dans une compétition flatte l'ego, mais ne restaure pas forcément l'estime de soi : s'il faut toujours être premier pour avoir confiance en soi, c'est que cette confiance, sentiment interne, reste en fait fragile.

L'antidote

Observe la façon dont tu vis une compétition – que ce soit dans le domaine du sport ou dans un autre, et même si ce mot n'est pas prononcé explicitement. Est-il nécessaire pour toi d'arriver premier, ou dans les premiers, pour te sentir reconnu dans ta valeur ?

Si c'est le cas, nous te conseillons de prendre conscience de ce fait, et de voir si cela te fragilise. Peut-être estimes-tu que si tu n'arrives pas devant les autres, tu ne vaux rien. Cela signifie que tu t'identifies à ta performance, comme si elle et toi, c'était la même chose. Or non, ce n'est pas la même chose du tout. Pour t'aider à sentir pleinement que, toi, tu as de la valeur, une fois que tu es au calme, tu peux dessiner ou écrire les fois où tu t'es senti fier de toi parce que tu as été fidèle à tes valeurs, parce que tu as réussi quelque chose, même si cela te semble modeste.

Peut-être as-tu besoin que quelqu'un te rassure et pose un regard doux et bienveillant sur toi, quel que soit ton résultat en compétition ? C'est souvent le regard du père, ou de la figure paternelle jouant ce rôle, qui permet de sentir sa juste valeur. Peut-être peux-tu identifier autour de toi quelqu'un qui te regarde de façon positive, qui reconnaît qui tu es ?

Lorsque tu arrives à une bonne place en compétition, célèbre cette belle victoire et prends le temps de sentir comment tu considères ceux qui ont fait un moins bon score que toi.

Ressens-tu du dédain, du mépris pour eux ? Ou bien au contraire te dis-tu qu'ils feront mieux la prochaine fois, que leur valeur reste la même ? Ce que tu penses pour eux, tu le penses pour toi aussi, cela peut donc te servir d'indicateur.

Et s'il y avait une scène de vie 51 ?

Il existe autant de façons d'être que d'individus. Et encore davantage si on prend en compte les relations entre ces personnes. En effet, chaque Self est singulier, et chaque rencontre entre deux Selfs est tout aussi singulière, en fonction d'un grand nombre de facteurs (le moment, le lieu, l'émotion dominante de chacun, la disponibilité à l'autre…).

Nous avons choisi des situations que beaucoup de gens peuvent rencontrer, et tout particulièrement celles qui peuvent te concerner, toi, jeune être humain en pleine transformation physique et psychique du fait de l'adolescence, moment de passage entre l'enfance et l'âge adulte.

Tu peux poursuivre ces réflexions en te penchant sur les pistes que nous t'avons données dans les « antidotes ». Tu peux aussi échanger avec des proches en qui tu as confiance, que ce soient des jeunes de ton âge, des adultes, ou les deux, bien sûr. Et puis un jour peut-être auras-tu envie de pousser plus loin l'exploration de qui tu es, avec l'accompagnement d'un professionnel, homme ou femme, formé à la psychothérapie, pour interroger en profondeur ce que tu ressens. Cela nécessite du respect, de l'écoute, de l'attention, des connaissances sur le fonctionnement des êtres humains…

On peut suivre une thérapie, que l'on aille plutôt bien ou plutôt mal. Dans tous les cas, si on en ressent l'envie, le besoin, c'est que c'est important ! La personne que tu as en face de toi, et qui est formée, t'écoute, entièrement concentrée sur toi, avec bienveillance, et sans jugement. Rien de ce qui se dit dans le cadre d'une séance n'en sort, le cadre est sécurisé et sécurisant. C'est un moment rien que pour toi, un endroit où tu peux déposer tout ce qui te tient à cœur, même ce que tu n'oses dire à personne d'autre.

Il est important que tu te sentes à l'aise avec la personne. Si ce n'est pas le cas, mieux vaut peut-être chercher l'interlocuteur qui sera le bon pour toi. En effet, une thérapie n'est pas qu'un ensemble de techniques, c'est aussi une rencontre entre le thérapeute et la personne qui vient consulter. C'est une relation thérapeutique et, en elle-même, quand l'alliance se forme de façon puissante, elle permet aux enjeux de l'enfance qui sont encore fragiles de se consolider.

Il ne s'agit pas de te donner des conseils sur ce qu'il faudrait faire ou ne pas faire dans la vie, mais de t'écouter dans ce que tu vis à l'intérieur de toi, tes émotions, tes ressentis, tes questionnements, tout ce que les situations de ton existence te font vivre, que ce soient des expériences passées ou présentes. Ainsi, tu pourras mieux te comprendre, afin de mieux vivre avec toi-même et avec les autres.

POUR CONTINUER À T'ACCOMPAGNER

Comme tu l'as vu tout au long de ce livre, nous sommes un organisme dans un environnement. Là où tu es le plus acteur, c'est à l'intérieur de toi. Ton environnement agit sur toi, et ce n'est pas toujours facile. De plus, l'adolescence est une période où tu n'es pas encore complètement responsable de ce qui se passe pour toi, tu es encore très dépendant de ton environnement. Tu peux agir sur certains aspects de ta vie, comme ce que tu ressens, ce que tu penses, ce qui se passe dans ton corps, en mettant de la lumière sur tes ressentis, tes émotions, sans les juger. Tu peux agir dessus, même si ça prend du temps. Et plus tu deviens adulte, plus tu as les ressources psychiques et la latitude objective, en devenant majeur, pour aller dans ce sens. Afin de t'aider à mettre de la clarté sur ce qui se passe à l'intérieur de toi, nous te proposons l'exercice de l'actualisation, que tu peux faire de temps à autre, et autant de fois que tu veux. Il peut même devenir un précieux rituel. Car que ce soit ce qui se passe en toi, dans tes relations avec les autres ou ce que tu vis du vaste monde, là où tu peux agir le plus fortement, c'est à l'intérieur de toi – ce qui n'empêche pas d'agir aussi sur le réel !

L'actualisation consiste à effectuer une « mise à jour » mentale et émotionnelle : tu mets de la lumière sur ce qui se passe en toi ici et maintenant. Tu te regardes penser, tu observes ce que tu ressens, notamment pour remettre à sa place le « Je peureux ».

- Prends une feuille de papier.
- Écris ce qui se passe dans ton corps. Par exemple : une boule dans la gorge, mal au dos, au ventre, trop chaud…
- Note les émotions que tu ressens. Par exemple : « Je me sens triste », « J'ai peur », « J'ai l'impression que je suis nul », « J'ai le sentiment de ne pas être important »…
- Écris toutes les pensées négatives qui te viennent. Les émotions et les pensées sont très liées : l'émotion « J'ai l'impression que je suis nul » devient la pensée « Je suis nul ». Il y a plein d'autres pensées négatives, qui sont juste dans ta tête, comme « Je ne suis pas bien habillé », « Ma peau, c'est un désastre », « Je ne suis pas bon à l'école »…
- Regarde s'il est possible pour toi d'accepter que tout cela existe en toi. Cela ne signifie pas t'y résigner, mais le voir et le reconnaître pour mieux le laisser passer, comme un nuage dans le ciel.
- Tu peux écrire : « J'accepte ces émotions », « J'accepte ces sensations », « J'accepte ces pensées négatives ».

- Respire et laisse-les partir.
- Prends une autre feuille, des stylos de couleur, et note comment tu as envie de te sentir, en positif. Ce que tu apprécies autour de toi, dans ta vie. Cela peut être de toutes petites choses comme de grandes choses : le soleil, un parfum, un sourire, l'amour que tu ressens ou que tu reçois… Cela peut susciter en toi des émotions et des pensées agréables. Ce qui compte, c'est que tu fasses l'expérience de ce qui peut se transformer à l'intérieur de toi.

ANNEXE

Liste des émotions

Voici une proposition de regroupement des émotions en grandes familles, pour apprendre à mieux les reconnaître, et donc à mieux te connaître toi-même.

On peut toutes les vivre. Elles sont toutes importantes.

Les cinq premières familles d'émotions donnent de l'énergie.

Les cinq suivantes en demandent.

On va très bien quand on est capable de vivre une large gamme d'émotions, sans rester trop longtemps dans celles qui demandent de l'énergie.

Amour
Gratitude, tendresse, amitié, appréciation, passion, réceptivité, sécurité…

Joie
Contentement, bonne humeur, légèreté, satisfaction, ravissement, enthousiasme, épanouissement…

Vie
Pétillance, élan, stimulation, énergie, rayonnement, liberté, puissance, optimisme…

Paix
Tranquillité, apaisement, détente, harmonie, confort, sérénité, disponibilité, soulagement…

Intérêt
Émerveillement, inspiration, curiosité, attention, créativité…

Peur
Inquiétude, tension, appréhension, crispation, souci, anxiété, terreur, méfiance…

Colère
Agacement, mécontentement, frustration, exaspération…

Tristesse
Peine, frustration, démoralisation, découragement, déception, sentiment de solitude…

Confusion
Indécision, hésitation, culpabilité, honte, jalousie…

Fatigue
Épuisement, lassitude, anesthésie, ennui, vide…

Imprimé en EU par Rond Bleu Print
Cet ouvrage a été imprimé sur un papier issu de forêts gérées durablement,
de sources contrôlées.

Loi n° 49-956 du 16 juillet 1949 sur les publications destinées à la jeunesse, modifiée par la loi n° 2011-525 du 17 mai 2011.